高等职业教育经典系列教材·财务会计类

行业会计比较

主　编　赵峰松　孙　鹏
副主编　信　钰　刘　莹　范晓娟
　　　　任青水　孙家能
主　审　费琳琪

北京理工大学出版社
BEIJING INSTITUTE OF TECHNOLOGY PRESS

版权专有 侵权必究

图书在版编目（CIP）数据

行业会计比较/赵峰松，孙鹏主编. —北京：北京理工大学出版社，2020.7（2021.11重印）
ISBN 978–7–5682–8635–0

Ⅰ. ①行… Ⅱ. ①赵… ②孙… Ⅲ. ①部门经济–会计–对比研究–高等学校–教材 Ⅳ. ①F235–03

中国版本图书馆 CIP 数据核字（2020）第 113477 号

出版发行 / 北京理工大学出版社有限责任公司
社　　址 / 北京市海淀区中关村南大街 5 号
邮　　编 / 100081
电　　话 /（010）68914775（总编室）
　　　　　（010）82562903（教材售后服务热线）
　　　　　（010）68944723（其他图书服务热线）
网　　址 / http：//www.bitpress.com.cn
经　　销 / 全国各地新华书店
印　　刷 / 河北盛世彩捷印刷有限公司
开　　本 / 787 毫米 × 1092 毫米　1/16
印　　张 / 15.25　　　　　　　　　　　　　　　　责任编辑 / 李玉昌
字　　数 / 290 千字　　　　　　　　　　　　　　　文案编辑 / 李玉昌
版　　次 / 2020 年 7 月第 1 版　2021 年 11 月第 2 次印刷　责任校对 / 周瑞红
定　　价 / 59.80 元　　　　　　　　　　　　　　　责任印制 / 施胜娟

图书出现印装质量问题，请拨打售后服务热线，本社负责调换

前　　言

随着高等职业教育的迅速发展，项目导向、任务驱动、基于工作过程系统化课程开发等理念普遍得到高职教育界的认同。为全面贯彻党的教育方针，落实立德树人根本任务，及时反映新时代课程教学改革的成果，满足高职高专院校财经类专业的教学需要及相关人员在岗培训的需求，《行业会计比较》教材，有必要从培养专业能力、方法能力、社会能力、学习能力出发，以服务专业、服务后续课程、服务应用、服务市场为宗旨，按照理实一体化的教学模式编排内容。在此基础上，编者总结多年的工作经验和教学经验，完成教材的编写。此教材具有以下特点：

1. 全面反映新时代教学改革成果

教材以《教育部关于职业院校专业人才培养方案制订与实施工作的指导意见》（教职成〔2019〕13号）、教育部关于印发《职业院校教材管理办法》的通知（教材〔2019〕3号）为指导，以最新企业会计准则、税法为依据，以课程建设为依托，全面反映新时代产教融合、校企合作、创新创业教育、工作室教学、现代学徒制和教育信息化等方面的教学改革成果，以培养职业能力为主线，将探究学习、与人交流、与人合作、解决问题、创新能力的培养贯穿教材始终，充分适应不断创新与发展的工学结合、工学交替、教学做合一和项目教学、任务驱动、案例教学、现场教学和顶岗实习等"理实一体化"教学组织与实施形式。

2. 以"做"为中心的"教学做合一"教材

教材按照"以学生为中心、学习成果为导向、促进自主学习"思路进行教材开发设计，弱化"教学材料"的特征，强化"学习资料"的功能，将"以各行业会计岗位任职要求、职业标准、工作过程或产品"作为教材主体内容，将相关理论知识点分解到工作任务中，便于运用"工学结合""做中学""学中做"和"做中教"教学模式，体现"教学做合一"理念。

3. 编写体例、形式和内容适合职业教育特点

教材结构设计符合学生认知规律，采用模块化设计，以"任务"为驱动，强调"理实一体、学做合一"，更加突出实践性，力求实现情境化教学。教材共分九个模块，下设若干任务清单，激发学生的学习兴趣，明确学习的目标。任务清单设置"任务实施"，学生通过完成任务总结知识，循序渐进，实现必要知识的积累、动手能力的实践和分析问题能力的提高，符合学生的认知规律和接受能力。

4. 新形态一体化教材，实现教学资源共建共享

发挥"互联网+教材"的优势，教材配备二维码学习资源，手机扫描教材上印制的二维码，即可获得在线的数字课程资源支持。同时提供配套教学课件、课程标准、技能训练答案及解析等供任课教师使用。新形态一体化教材便于学生即时学习和个性化学习，有助于教师借此创新教学模式。

5. 校企"双元"合作开发教材，实现校企协同"双元"育人

教材紧跟产业发展趋势和行业人才需求，及时将产业发展的新技术、新工艺、新规范纳入教材内容，反映典型岗位（群）职业能力要求，并吸收行业企业技术人员、能工巧匠等深度参与教材编写。教材在编写团队深入企业调研的基础上开发完成，许多案例都来源于企业真实业务。营口经济技术开发区勤缘会计培训中心校长刘秀林女士，具有多年的企业会计工作阅历和社会学员培训经验，为教材的编写提供了诸多宝贵意见。

本教材由辽宁农业职业技术学院、辽东学院、铁岭师范高等专科学校、营口经济技术开发区勤缘会计培训中心和营口熊岳鑫雨会计事务所共同开发完成。赵峰松和孙鹏担任主编；信钰、刘莹、范晓娟、任青水和孙家能担任副主编；刘秀林、丛艳华和张彧嘉等企业专家提供案例，并给予指导意见。赵峰松拟定编写大纲、编写前言，指导老师共同编写并最终完成全书的总纂。最后由费琳琪完成全书的审稿。

教材在编写过程中，参阅和选用了国内外有关专家和学者在成本核算方面的一些新的理念和成果，在此深表感谢。

由于编者水平有限，不足之处在所难免，恳求广大读者批评指正，以便于我们在今后的修订和重印过程中及时修正。

编　者
2020 年 5 月

目 录

项目一　商品流通企业会计核算 …………………………………………… 1
任务一　认知商品流通企业会计 …………………………………………… 3
任务二　核算批发商品业务 ………………………………………………… 7
任务三　核算零售商品业务 ………………………………………………… 16
知识测试与能力训练 ………………………………………………………… 24

项目二　旅游餐饮服务会计核算 …………………………………………… 27
任务一　认知旅游餐饮服务企业会计 ……………………………………… 29
任务二　核算旅行社经营业务 ……………………………………………… 31
任务三　核算餐饮企业经营业务 …………………………………………… 37
任务四　核算酒店企业经营业务 …………………………………………… 47
知识测试与能力训练 ………………………………………………………… 50

项目三　施工企业会计核算 ………………………………………………… 53
任务一　认知施工企业会计 ………………………………………………… 55
任务二　核算周转材料和临时设施 ………………………………………… 57
任务三　核算工程成本 ……………………………………………………… 65
任务四　核算工程合同收入与费用 ………………………………………… 79

项目四　房地产开发企业会计核算 ………………………………………… 85
任务一　认知房地产开发企业会计 ………………………………………… 87
任务二　核算房地产开发成本 ……………………………………………… 91
任务三　核算房地产开发产品 ……………………………………………… 97
知识测试与能力训练 ………………………………………………………… 103

项目五　运输企业会计核算 ………………………………………………… 105
任务一　认知运输企业会计 ………………………………………………… 107
任务二　核算公路运输业务 ………………………………………………… 109
任务三　核算其他运输相关业务 …………………………………………… 113
知识测试与能力训练 ………………………………………………………… 117

项目六　农业企业会计核算 ... 119

任务一　认知农业企业会计 ... 121
任务二　核算农业企业存货 ... 123
任务三　核算农业企业生产成本 ... 127
任务四　核算农业企业损益 ... 131
知识测试与能力训练 ... 135

项目七　村集体经济组织会计核算 ... 137

任务一　认知村集体经济组织会计 ... 139
任务二　核算村集体经济组织业务 ... 143
知识测试与能力训练 ... 172

项目八　农民专业合作社会计核算 ... 175

任务一　认知农民专业合作社会计 ... 177
任务二　核算农业专业合作社业务 ... 181
知识测试与能力训练 ... 201

项目九　政府会计基础 ... 203

任务一　认知政府会计 ... 205
任务二　核算国库集中支付业务 ... 209
任务三　核算非财政拨款收支业务 ... 215
任务四　核算预算结转结余及分配业务 ... 219
任务五　核算净资产业务 ... 227
任务六　核算资产和负债业务 ... 231
知识测试与能力训练 ... 234

参考文献 ... 237

项目一

商品流通企业会计核算

知识目标

- 熟悉商品流通的过程和体系
- 掌握商品流通过程中涉及的会计要素及其确认
- 掌握商品批发、商品零售业务的核算

技能目标

- 能够熟知商品流通企业的运营流程
- 能够处理批发商品业务的核算
- 能够处理零售商品业务的核算

素质目标

- 培养学生依据商品流通企业特点处理会计业务的素质
- 培养学生识别农产品发票并进行计税的能力
- 培养学生对售价金额法和进价金额法的区分运用能力

 会人会语

核算是基础　管理更重要

随着市场经济的发展、产品的不断创新，商品流通涉及的范围不断扩展，业务规模迅速扩大，商品流通业在我国国民经济中所占的比重不断提高。当前，在"互联网+"背景下，商品流通企业的经营形式也在不断创新，形成了更加多样化的商业模式。

营口阳光贸易有限公司主营商品批发和零售业务，公司年营业额1 000万元，可利润却不足100万元。总经理王碧非常困惑，于是让主管会计李珊珊分析财务报表，查找原因。通过分析，李珊珊建议企业顺应时代潮流的发展，将采购活动从与供应商的单纯买卖关系，转向与供应商建立合作伙伴关系。其具体做法是，按一定的标准，用科学的方法，选择较好的供应商，并对初步选出的供应商的供货情况作进一步评审，然后再确定哪些供应商为重点供应商，哪些为普通供应商。该企业经营的某种商品原有甲、乙、丙、丁四个供应商供货，决定首先对这四个供应商的供货情况进行评审。根据四个供应商的供货情况，确定了商品质量、技术服务能力、交付及时、对买方需求的反应速度、供应商的商业信誉、商品价格、延期付款期限、员工的工作态度、财务状况和内部组织与管理10项评分指标，每项指标分为好、较好、一般、较差、极差5个档次。每个档次的分值分别为5分、4分、3分、2分和1分。通过数据分析，采用评分法确定甲是较理想的供应商。通过调整供应商，企业下一季度利润同比增长20%。

正所谓"经济越发展，会计越重要"。核算和监督只是基础，懂管理才更重要。

任务一　认知商品流通企业会计

任务清单1-1　认知商品流通企业会计

项目名称	任务清单内容
任务情境	生活中，我们去万达广场、万象城、大悦城、家乐福、沃尔玛逛商场购物；去汽车4S店选择自己喜欢的爱车；通过京东、淘宝、当当、唯品会、拼多多、亚马逊等网络平台购物，其中很多买卖交易都是通过商品流通企业实现的。
任务目标	认知商品流通企业，掌握商品流通企业会计核算模式。
任务要求	请你根据任务情境，通过网络搜索，完成以下任务： （1）商品购销的入账时间如何确定？ （2）商品流通企业会计的特点有哪些？
任务思考	（1）商品流通企业是如何实现盈利的？ （2）商品流通企业的经营特点有哪些？ （3）商品流通企业的经营环节有哪些？

项目名称	任务清单内容
任务实施	（1）商品购销的入账时间。 采用交款提货销售方式 采用预收账款销售方式 采用托收承付结算方式 采用买断方式委托其他单位代销 采用收取手续费方式委托其他单位代销 具有融资租赁性质的分期收款式销售方式 （2）商品流通企业会计的特点。 核算对象 核算方法
任务总结	通过完成上述任务，你学到了哪些知识或技能？
实施人员	
任务点评	

【做中学　学中做】请归纳总结商品流通企业会计核算方法的优缺点及适用范围，填写表1-1。

表1-1　商品流通企业会计核算方法的优缺点及适用范围

方法名称	含义	优缺点	适用范围
数量进价金额核算	对库存商品的明细分类账同时以实物数量和进价金额两种计量单位进行核算。		
数量售价金额核算	对库存商品的明细分类账同时以实物数量和售价金额两种计量单位进行核算。		
售价金额核算	又称"售价记账，实物负责制"，对库存商品的总分类核算和明细分类核算都只按售价金额记账，不反映实物数量。		
进价金额核算	又称"进价记账，盘存计销"，对库存商品的总分类核算和明细分类核算都按进价金额记账，不反映实物数量。		

【知识链接】请扫码查看完成任务清单1-1的知识锦囊。

任务清单1-1的知识锦囊

【能量小贴士】子曰："学而时习之，不亦说乎？有朋自远方来，不亦乐乎？人不知而不愠，不亦君子乎？"

任务二　核算批发商品业务

子任务 1　批发商品购进业务的核算

任务清单 1-2　一般商品购进业务的核算

项目名称	任务清单内容
任务情境	鸿运公司是增值税一般纳税人，专门从事批发家电业务，采用数量进价金额核算法。2021年3月发生如下业务： 1. 购进家用音箱一批，已交仓库验收入库，取得增值税专用发票注明价款50 000元，增值税6 500元；供货方代垫运费，取得增值税专用发票注明价款200元，增值税18元。公司开出转账支票支付货款和运费。 2. 购进豆浆机一批，已取得厂家发来的增值税专用发票，价款90 000元，增值税11 700元，商品尚未收到。 3. 购进煮蛋器50台，按合同规定不含税的单价为100元，增值税税率为13%，商品已到并验收入库，尚未收到相关发票。 4. 异地购进榨汁机共100个，不含税单价为500元，商品运到，并取得增值税专用发票，价款50 000元，增值税税额6 500元。验收入库时发现榨汁机实为120个，因该项业务存在异常情况，货款暂未支付。 5. 经查实，多收的20个榨汁机为供货单位多发，经协商决定做商品购进处理，取得供货单位补开的增值税专用发票，并通过银行电汇支付了全部货款。 6. 从异地购进高档台灯共100台，不含税单价为300元，商品运到，并取得增值税专用发票，价款30 000元，增值税3 900元。验收时发现，实际到货90台。经查实，短缺的10台高档台灯为供货单位少发货，经协商，供货单位随即补发货。在收到的90个高档台灯中，有20台因为快递运输问题受到损坏。因收到商品存在短缺、损坏问题，暂不付款结算。 7. 因快递运输过程受到损坏的20个高档台灯确定为快递方运输不当造成，可向保险公司索赔6 000元。经批准，其余损失计入"营业外支出"。
任务目标	掌握商品流通企业批发商品购进业务的核算方法。
任务要求	请你根据任务情境，学习批发商品购进业务的核算方法，完成上述业务的会计处理。
任务思考	（1）批发企业商品流转的特点有哪些？ （2）批发商品业务的核算方法有哪些？这些方法都如何运用？

项目名称	任务清单内容
任务实施	业务1 会计处理： 业务2 会计处理： 业务3 会计处理： 业务4 会计处理： 业务5 会计处理： 业务6 会计处理： 业务7 会计处理：
任务总结	通过完成上述任务，你学到了哪些知识或技能？
实施人员	
任务点评	

【点睛】数量进价金额核算法指库存商品总分类账户和明细分类账户除了按照进价金额反映外,明细分类账户还反映商品的实物数量。该方法有利于从数量和金额两方面对库存商品进行控制和管理,可以满足业务部门开展购销业务活动、会计部门加强资金管理、保管部门明确经济责任的需要。但由于每笔购销业务都需要填制会计凭证并登记商品的明细账,会计核算的工作量较大。由于批发企业一般交易额较大但交易次数不多,需要加强对库存商品的控制和管理,故通常使用数量进价金额核算法进行会计核算。

【做中学 学中做】商品流通企业批发商品购进业务的主要账务处理如表1-2所示,如果企业采用数量售价金额核算法核算,根据任务清单1-2的任务情境资料,完成相关账务处理。

表1-2 商品流通企业批发商品购进业务的主要账务处理

交易或事项	账务处理
单货同到	借:库存商品 　　应交税费——应交增值税(进项税额) 　贷:银行存款/应付账款/应付票据　等
单到货未到	(1) 收到相关结算单据时 借:在途物资 　　应交税费——应交增值税(进项税额) 　贷:银行存款/应付账款/应付票据　等 (2) 收到货物,验收入库时 借:库存商品 　贷:在途物资
货到单未到	(1) 一般未付款的购进商品可暂不入账,待收到发票等结算单据后再进行会计核算 (2) 如果月底仍未收到相关结算单据,则需做暂估入账 借:库存商品 　贷:应付账款 (3) 次月初用红字冲回 借:库存商品　****** 　贷:应付账款——暂估应付账款　******

【点睛】批发企业购进商品发生溢余或短缺情况归纳总结,如表1-3所示。

表1-3 批发企业购进商品发生溢余或短缺

情况	查明原因前	原因	查明原因后
溢余	计入"待处理财产损溢"贷方	自然溢余	冲减"销售费用"
		供货方多发	做退回或补充购进处理
短缺	计入"待处理财产损溢"借方	自然损耗	计入"销售费用"
		供货方少发	做退款或补充发货处理
		运输单位责任	索赔计入"其他应收款"
		自然灾害	净损失计"营业外支出"

【知识链接】请扫码查看完成任务清单1-2的知识锦囊。

任务清单1-2的知识锦囊

任务清单 1-3　发生退货、折让和折扣的处理

项目名称	任务清单内容
任务情境	鸿运公司是增值税一般纳税人，专门从事批发家电业务，采用数量进价金额核算法。2021年3月发生如下业务： 　　1. 3月1日从先科公司购进电风扇100个，取得增值税专用发票，电风扇不含税单价为120元，增值税税率为13%，商品已验收入库，以银行转账方式支付了货款。次日，发现这批电风扇存在质量问题，经协商，先科公司同意退货，并取得该公司开具的红字增值税专用发票和退款。 　　2. 3月2日从百事达公司购进电熨斗80台，取得增值税专用发票，电熨斗不含税单价为150元，增值税税率为13%，付款条件为"2/10, 1/20, N/30"，商品已验收入库。3月10日以电汇方式支付了货款。 　　（如果4月15日付款，会计业务应如何处理？4月25日呢？）
任务目标	掌握商品流通企业批发商品购进业务发生退货、折让、商业折扣和现金折扣的处理方法。
任务要求	请你根据任务情境，学习批发商品购进业务发生退货、折让、商业折扣和现金折扣的核算方法，完成上述业务的会计处理。
任务思考	（1）购进商品发生退货和折让如何处理？ （2）购进商品发生商业折扣和现金折扣如何处理？ 业务1会计处理： （1）收到先科公司发来的商品时 （2）发现电熨斗存在质量问题，进行退货处理时

项目名称	任务清单内容
任务实施	业务2会计处理： (1) 3月2日从百事达公司购进商品的会计核算 (2) 3月10日以电汇方式支付货款的会计核算 (3) 4月15日以电汇方式支付货款的会计核算 (4) 4月25日以电汇方式支付货款的会计核算
任务总结	通过完成上述任务，你学到了哪些知识或技能？
实施人员	
任务点评	

【点睛】 发生现金折扣时，应按总价法进行核算，取得的现金折扣计入"财务费用"账户。

【知识链接】 请扫码查看完成任务清单1–3的知识锦囊。

任务清单1–3的知识锦囊

子任务 2　批发商品销售业务的核算

任务清单 1-4　一般商品销售业务的核算

项目名称	任务清单内容
任务情境	鸿运公司是增值税一般纳税人，增值税税率为 13%，专门从事批发家电业务。2021 年 4 月发生如下业务： 1. 4 月 1 日，销售给星河公司 20 台洗衣机，合计价款 100 000 元，销项税额 13 000 元，已向物流公司办理了发运手续，以现金代垫运费 1 000 元，货款尚未收到。 2. 假定 4 月 1 日销售给星河公司洗衣机时，得知该公司资金周转困难，货款回收存在较大的不确定性，但为了减少商品积压，仍决定将商品发往星河公司，并开具增值税专用发票。该批洗衣机的购进成本为 85 000 元。4 月 20 日，星河公司资金状况好转，采用电汇方式支付了该批洗衣机的相关货款。 3. 4 月 2 日，向卓越商城销售家用音箱 100 台，不含税单价为 200 元，商品已发出，并开出了增值税专用发票，货款尚未收到。卓越商城反馈实际收到家用音箱 90 台，经查，短缺 10 台因物流公司在运输过程中丢失造成，获得物流公司赔偿损失 2 000 元。卓越商城不要求补发商品，并开具了红字增值税专用发票通知单，鸿运公司据此开具了红字增值税专用发票。该批家用音箱的成本为 180 元/台，尚未结转商品销售成本。 4. 4 月 3 日，销售给新世纪商城 50 个电吹风，不含税单价为 80 元，尚未收到货款。现购货方发现商品存在质量问题，要求退货。经业务部门同意，商品已退回并验收入库，已向购货方开具了红字增值税专用发票。 5. 4 月 4 日销售给利来公司电冰箱 10 台，不含税单价为 5 000 元，付款条件为"2/5，1/10，N/15"。6 日，其收到了利来公司支付的货款。如果利来公司于 4 月 12 日付款，会计分录应如何处理？4 月 18 日呢？
任务目标	掌握商品流通企业批发商品销售业务的核算方法。
任务要求	请你根据任务情境，学习批发商品销售业务的核算方法，完成上述业务的会计处理。
任务思考	（1）批发企业商品多发或商品短缺如何处理？ （2）批发企业销售退回和销售折让如何处理？

项目名称	任务清单内容
任务实施	业务1 会计处理： 业务2 会计处理： （1）发出商品时 （2）核算增值税和代垫运费 （3）资金状况好转，确认收入并结转成本 业务3 会计处理： （1）发出商品，确认销售收入 （2）确认商品短缺时 （3）根据红字增值税专用发票冲销因商品短缺而减少的收入 （4）获得物流公司赔偿损失时 业务4 会计处理： 业务5 会计处理： （1）4月4日销售商品确认收入 （2）4月6日收取货款 （3）4月12日收取货款 （4）4月18日收取货款
任务总结	通过完成上述任务，你学到了哪些知识或技能？
实施人员	
任务点评	

【点睛】在商品销售过程中,发现商品多发,应及时与运输部门和购货方取得联系,协商处理问题。

(1) 如购货方同意做购进处理,则应由销售方补开发票,并及时进行收入确认和货款结算。

(2) 如购货方不同意做购进处理,则应及时将商品退回,重新入库,所发生的运杂费计入"销售费用"。

(3) 如多发的商品无法收回,则应将多发商品的金额及相应的进项税额计入"待处理财产损溢",经批准后再转入相关账户。

【做中学 学中做】请归纳总结商品流通企业批发商品销售业务的主要账务处理,填写表1–4。

表1–4 商品流通企业批发商品销售业务的主要账务处理

交易或事项	账务处理
发出商品并符合收入确认条件	
发出商品,开出增值税专用发票,但不满足收入确认条件	
商品多发或商品短缺	
销售退回和销售折让	
商业折扣和现金折扣	

【知识链接】请扫码查看完成任务清单1–4的知识锦囊。

任务清单1–4的知识锦囊

子任务3 批发商品储存业务的核算

商品储存是保证商品流通正常进行的基础。为了解全部商品的储存数额及所处的状态,满足业务部门合理组织购销活动的需要,财会部门应合理设置库存商品账,定期对库存商品进行清查,如实反映库存商品的数量及金额情况。

【知识链接】请扫码了解批发商品储存业务的相关知识。

批发商品储存业务的相关知识

【能量小贴士】子曰:"温故而知新,可以为师矣。"

任务三　核算零售商品业务

子任务1　了解零售商品业务的核算方法

与批发商品业务不同,零售商品业务直接面对消费者,具有经营商品品种多、规格多样、商品进销频繁、单笔业务销售数量少的特点。据此,零售企业大多采用售价金额核算法。

售价金额核算法又称"售价核算,实物负责制",其业务核算特点如下:

(1) 需建立实物负责制。企业为了加强对库存商品的管理和控制,将经营商品的柜组或门市部划分为若干实物负责小组,实物负责小组对其经管的全部商品承担经济责任。商品的购进、销售、调拨、调价、削价、溢缺等,都要建立必要的手续制度,这是实行售价金额核算法的基础。

(2) 库存商品按含税售价记账。库存商品总分类账和明细分类账都按含税售价(即商品零售价)记账,并按实物负责小组设置库存商品明细分类账,以随时反映和掌握各实物负责小组对其管理的商品所承担的保管责任情况,这是售价金额核算法的核心。

(3) 需设置"商品进销差价"账户。由于库存商品按含税售价记账,在商品购进时,"库存商品"账户反映的是商品的含税售价,因此需要设置"商品进销差价"账户,以反映商品的实际购进价格及与含税售价的差额。在月末要分摊和结转已销商品所实现的商品进销差价及销售商品相应的增值税销项税额。

(4) 必须加强商品盘点。由于库存商品明细分类账户只反映库存商品的售价金额,不反映数量和进价金额,期末为了核实各实物负责小组库存商品的实有数额,每月必须进行一次全面盘点,计算出库存商品实际结存的售价金额,并与账面结存金额进行核对。如发生溢缺,要及时查明原因,进行处理,做到账实相符。对于有自然损耗的商品,应当核定损耗率,作为考核的依据。遇到实物负责人调动的情况,必须进行临时盘点,以分清责任;遇到商品调价,也必须通过盘点,确定调价金额,进行账面调整。

子任务 2　零售企业购进商品业务的核算

任务清单 1−5　零售企业购进商品业务的核算

项目名称	任务清单内容
任务情境	新世纪商城是一家从事商品零售的企业，3月份发生如下业务： 　　1. 3月12日从鸿运公司购进电风扇100个，不含税单价为100元，价款共计10 000元，增值税1 300元，鸿运公司代垫运费120元（普通发票），有关结算凭证尚未到达。 　　2. 13日，收到12日购货业务的有关结算凭证并通过银行支付了款项。每个电风扇的含税售价为150元。 　　3. 假定12日购货业务的有关结算凭证月末尚未到达。 　　4. 3月14日从鸿运公司购进家用音箱50台，不含税进价为240元/台，增值税税率为13%，现发票与商品均已送达。验收时发现实际收到家用音箱48台，因该批购进商品存在数量差异，货款暂未支付。经查，系物流公司运输过程中的失误造成，新时代商城不要求补发商品，鸿运公司开具了红字增值税专用发票。该批家用音箱的市场零售价格为含税价300元/台。 　　5. 3月15日从鸿运公司购进高档台灯80台，不含税单价为350元，增值税税率为13%，货款尚未支付。现新时代商城发现商品存在质量问题，要求退货，经供货方同意，商品已退回，并已收到对方开具的红字增值税专用发票。该批高档台灯零售含税价为400元/台，因发现质量问题，尚未销售。
任务目标	掌握零售企业购进商品业务的核算方法。
任务要求	请你根据任务情境，学习零售企业购进商品业务的核算方法，完成上述业务的会计处理。
任务思考	（1）零售企业购进商品发生溢余或短缺如何处理？ （2）零售企业发生退货和折让如何处理？

项目名称	任务清单内容
任务实施	业务1 会计处理： 提示：在货到单未到的情况下，商品验收入库时，可暂不做账务处理。 业务2 会计处理： 收到结算凭证时 业务3 会计处理： (1) 月末做购进商品的暂估入账分录 (2) 下月月初用红字冲回 业务4 会计处理： (1) 收到商品时 (2) 根据红字增值税专用发票冲减购进商品 业务5 会计处理： (1) 收到鸿运公司发来的商品时 (2) 发现高档台灯存在质量问题，进行退货处理时
任务总结	通过完成上述任务，你学到了哪些知识或技能？
实施人员	
任务点评	

【点睛】零售企业购进商品发生溢余或短缺的处理如表1-5所示。

表1-5 零售企业购进商品发生溢余或短缺的处理

分类	计入科目	情况	原因	查明原因后
溢余或短缺的进价金额	待处理财产损溢	溢余	自然溢余	冲减"销售费用"
			供货方多发	做退回或补充购进处理
		短缺	自然损耗	计入"销售费用"
			供货方少发	做退款或补充发货处理
			运输单位责任	索赔计入"其他应收款"
			自然灾害	净损失计入"营业外支出"
实收商品的售价金额	库存商品			
实收商品售价与进价差额	商品进销差价			

【做中学 学中做】请归纳总结零售企业购进商品业务的主要账务处理,填写表1-6。

表1-6 零售企业购进商品业务的主要账务处理

交易或事项	账务处理
货到单未到	
收到货物和结算凭证	
购进商品发生退货和折让	

【知识链接】请扫码查看完成任务清单1-5的知识锦囊。

任务清单1-5的知识锦囊

子任务3　零售企业商品销售业务的核算

任务清单1-6　零售企业销售商品业务的核算

项目名称	任务清单内容
任务情境	新世纪商城是一家从事商品零售的企业，4月份发生如下业务： 1. C3柜台区商品销售及货款收入情况下表所示，其中信用卡结算手续费率为5‰。将现金集中存入银行，取得现金缴款单回单，并结转已销商品成本。 （单位：元）<table><tr><th rowspan="2">柜台名称</th><th colspan="5">结算方式</th></tr><tr><th>现金</th><th>信用卡</th><th>支付宝</th><th>微信</th><th>合计</th></tr><tr><td>女装柜台</td><td>5 000</td><td>4 000</td><td>6 500</td><td>7 600</td><td>23 100</td></tr><tr><td>男装柜台</td><td>2 000</td><td>1 800</td><td>3 600</td><td>5 000</td><td>12 400</td></tr><tr><td>童鞋柜台</td><td>3 200</td><td></td><td>4 800</td><td>5 200</td><td>13 200</td></tr><tr><td>玩具柜台</td><td>1 800</td><td></td><td>3 800</td><td>4 800</td><td>10 400</td></tr><tr><td>合计</td><td>12 000</td><td>5 800</td><td>18 700</td><td>22 600</td><td>59 100</td></tr></table>2. 本月全月"主营业务收入"账户贷方净发生额为2 668 000元，其中女装柜台887 000元，男装柜台564 000元，童鞋柜台798 000元，玩具柜台419 000元。核算本月已销商品的销项税额。 3. 某日女装柜台销货记录为32 000元，实收现金32 050元。经查，女装柜台的长款原因不明，转入"营业外收入"。 4. 举行周年庆促销活动，规定购物满100元赠送5积分（1积分的价值相当于1元），不满100元不送积分，积分可在本年内再次购买商品时抵减货款。某顾客在家电柜台以现金形式购买了含税零售价为5 800元的电冰箱一台，获得290积分。假设该顾客于5月购买了含税零售价为420元的电饭煲一台，用积分抵减290元，余额以现金支付。 5. 对手机采取以旧换新方式销售，旧手机折价100元/台，新手机含税零售价为2 900元/台。某日采用此销售方式销售手机5台，货款以现金结算。
任务目标	掌握商品流通企业零售商品销售业务的核算方法。
任务要求	请你根据任务情境，学习商品流通企业零售商品销售业务的核算方法，完成上述业务的会计处理。
任务思考	（1）零售企业销售商品长短款如何处理？ （2）零售企业消费奖励积分如何处理？ （3）零售企业以旧换新销售商品如何处理？

项目名称	任务清单内容
任务实施	业务1 会计处理： （1）根据商品销售及货款收入情况 （2）将现金集中存入银行，取得现金缴款单回单 （3）结转已销商品成本 业务2 会计处理： 业务3 会计处理： （1）发生差错当日 （2）查找原因后进行转销处理 业务4 会计处理： （1）周年庆销售时 （2）5月顾客在有效期内使用积分购买电饭煲时 业务5 会计处理：
任务总结	通过完成上述任务，你学到了哪些知识或技能？
实施人员	
任务点评	

【点睛】①零售企业销售商品,通过支付宝和微信收取的货款计入"其他货币资金"账户。②发生的长款,多收的货款应予以退回,正常尾款舍零误差冲减"销售费用"。③给予客户奖励积分的,应将销售取得的货款或应收货款在收入与奖励积分之间进行分配。与奖励积分相关的部分首先作为"递延收益",待客户兑换奖励积分或失效时,结转计入当期损益。④以旧换新销售的商品应当按照销售收入确认条件确认收入,回收的商品作为购进商品处理。对于金银首饰的以旧换新,应按销售方实际收取的不含增值税的全部价款计缴增值税。

【做中学　学中做】请归纳总结零售企业销售商品业务的主要账务处理,填写表1-7。

表1-7　零售企业销售商品业务的主要账务处理

交易或事项	账务处理
一般商品销售业务	
商品销售长短款	
消费奖励积分	
以旧换新	

【知识链接】请扫码查看完成任务清单1-6的知识锦囊。

任务清单1-6的知识锦囊

子任务4　零售企业商品储存业务的核算

零售企业为了满足市场需求,保证商品销售,一般需要保持适当的商品储存量。由于零售企业采用售价金额核算法,且商品进出频繁,因此平时更应加强对库存商品的控制和核算管理。零售企业商品储存业务的核算,主要包括盘点业务的核算、商品调价的核算和内部调拨的核算等内容。

【知识链接】请扫码了解零售企业商品储存业务的相关知识。

零售企业商品储存业务的相关知识

【能量小贴士】子曰:"巧言令色,鲜矣仁!"

知识测试与能力训练

一、单项选择题

1. 企业购进商品支付货款时,实际发生现金折扣,应计入(　　)账户。
   A. "销售费用"　　B. "财务费用"　　C. "主营业务收入"　　D. "在途物资"
2. 商品销售成本的计算方法中,商品零售企业常采用的是(　　)。
   A. 个别计价法　　B. 加权平均法　　C. 毛利率法　　D. 先进先出法
3. 在商品购进业务中,采取预付货款方式的,应以(　　)时作为购进商品的入账时间。
   A. 预付货款　　B. 承付货款　　C. 实际收到商品　　D. 签订合同
4. "商品进销差价"账户是资产类账户,它抵减的账户是(　　)。
   A. "商品采购"　　B. "库存商品"　　C. "主营业务收入"　　D. "受托代销商品"
5. 批发企业商品盘点发生短缺时,经查明属于自然损耗的,经批准可以入(　　)。
   A. 管理费用　　B. 待处理财产损溢　　C. 营业外支出　　D. 销售费用

二、多项选择题

1. 商品流通企业的会计核算方法具体有(　　)。
   A. 数量进价金额核算法　　　　B. 数量售价金额核算法
   C. 售价金额核算法　　　　　　D. 进价金额核算法
2. 按《企业会计准则》的规定,企业计算发出商品成本,可采用的计算方法有(　　)。
   A. 个别计价法　　B. 加权平均法　　C. 毛利率法　　D. 先进先出法
3. 流通企业常用的商品交接方式有(　　)。
   A. 提货制　　B. 发货制　　C. 送货制　　D. 代理制
4. 商品流通企业商品流转业务主要包括(　　)环节。
   A. 委托加工销售　　B. 商品购进　　C. 商品销售　　D. 商品储存
5. 按《企业会计准则》规定,(　　)发生时,冲减当期销售收入。
   A. 商业折扣　　B. 现金折扣　　C. 销售折让　　D. 销售退回

三、判断题

1. 企业在预付货款时，不能作为商品购进，只有在收到商品时才能作为商品购进。（ ）

2. 享有商业折扣和现金折让的情况虽然是不同的，但它们在核算上都是以实际支付的货款作为商品的采购成本。（ ）

3. 仓库商品销售和直运商品销售都属于商品销售，因此在核算上没有什么不同。（ ）

4. 企业在预收货款时，由于转移了商品所有权，因此可以作为商品销售。（ ）

5. 在进行销售商品的账务处理时，不符合确认条件但商品已经发出的情况下，应将发出商品通过"发出商品"账户来核算。（ ）

四、业务操作题

沈阳百货商品批发有限公司为一般纳税人。某月发生下列购进商品业务，请根据相关资料作出会计分录。

（1）从A供应站购进甲商品20 000千克，单价0.5元，共计价款10 000元，增值税进项税额1 300元。采用托收承付方式结算货款。开户银行转来托收承付凭证及供货方发票结算联，审核无误后同意付款。

（2）商品验收入库，"商品溢余报告单列示溢余880千克"。

（3）经查明，溢余中有80千克计40元，属运输途中的自然升溢。

（4）经查明，溢余商品中有800千克计400元系供货方多发，经协商后同意补作购进，立即付款，取得增值税专用发票。

知识测试与能力训练解析

项目二

旅游餐饮服务会计核算

知识目标

- 熟悉旅游餐饮服务行业的会计标准体系
- 掌握旅游餐饮服务行业在运营过程中涉及的会计要素及确认
- 掌握旅游餐饮服务行业主要经营业务及其核算特点

技能目标

- 能够对旅行社的营业收入和营业成本进行核算
- 能够对餐饮企业进行材料核算、餐饮制品成本核算和销售核算
- 能够对酒店业客房的营业收入和营业费用进行核算

素质目标

- 培养学生良好的服务意识和奉献精神
- 培养学生坚持原则、爱岗敬业的职业素养

 **会人会语**

学好旅游餐饮服务会计　　监督企业良性健康发展

随着我国经济的增长、居民生活品质的提升以及我国中产阶级的崛起，人们的旅游消费越来越高，我国的旅游业发展势头正强劲，消费升级带动需求增加，刺激着酒店业需求的增长。同时，高端消费下沉，大众消费中端化，中端酒店发展空间巨大。2018年，我国旅游业发展迅猛，产业规模持续扩大，产品体系日益完善，市场秩序不断优化，全年全国旅游业总收入达5.97万亿元，对我国GDP的综合贡献为9.94万亿元，占我国GDP总量的11.04%。2019年，旅游经济继续保持高于GDP增速的较快增长。国内旅游市场和出境旅游市场稳步增长，入境旅游市场基础更加稳固。全年，国内旅游人数60.06亿人次，比上年同期增长8.4%；入出境旅游总人数3.0亿人次，同比增长3.1%；全年实现旅游总收入6.63万亿元，同比增长11%。旅游业对GDP的综合贡献为10.94万亿元，占GDP总量的11.05%。旅游直接就业2 825万人，旅游直接和间接就业7 987万人，占全国就业总人口的10.31%。旅游业带动相关产业和社会经济活动的全面发展，是我国经济发展的支柱性产业之一，旅游产业的发展极具活力，旅游成为中国人民的必需品。国内游市场是全国旅游市场的主力军。随着居民人均可支配收入的增加和全域旅游意识的提升，未来旅游业的发展前景较广阔。全域旅游是应对全面小康社会大众旅游规模化需求的新理念、新模式和新战略。

伴随着我国旅游与酒店行业的迅猛发展，这一行业对于从业人员的需求量大幅提升，与此同时，对于其从业人员的要求也逐步提高。旅游餐饮服务业一般均有系统配套的经营业务展开的特点，如旅游业，除了经营旅游业务外，还可展开客房、餐饮、销售商品、娱乐及其他经营业务；餐饮业除了经营餐饮业务外，还可展开娱乐、销售商品及其他经营业务。为了分别考核各项经营业务的经营成果，就要求分别核算和监督各项经营业务的收入、成本和费用。因此，掌握好旅游餐饮服务行业会计准则与会计核算制度，核算好旅游餐饮服务业务，能够促进该行业良性健康发展。

任务一 认知旅游餐饮服务企业会计

任务清单2-1 认知旅游餐饮服务企业会计

项目名称	任务清单内容
任务情境	旅游餐饮服务企业是旅游业、餐饮业和其他各种服务业企业的总称，主要向消费者提供生活服务，包括旅行社、饭店、咖啡厅、酒吧、宾馆、度假村、游乐场、健身会所、歌舞厅、美容美发店等各类服务企业。其经营的共同特点是通过提供各种服务或劳务而赚取服务费。企业为了分别考核各项经营业务的经营成果，就要求分别核算和监督各项经营业务的收入、成本和费用。
任务目标	认知旅游餐饮服务企业，掌握旅游餐饮服务企业典型业务的核算特点。
任务要求	请你根据任务情境，通过网络搜索，完成以下任务： （1）了解旅游餐饮服务企业的典型经营业务及其业务特点。 （2）掌握旅游餐饮服务企业典型业务的核算特点。
任务实施	（1）旅游餐饮服务企业的典型经营业务有哪些？ （2）旅游餐饮服务企业的典型经营业务特点有哪些？
任务总结	通过完成上述任务，你学到了哪些知识或技能？
实施人员	
任务点评	

【做中学　学中做】请归纳总结旅游餐饮服务企业的典型经营业务及其业务特点，填写表 2-1；归纳总结旅游餐饮服务企业的典型经营业务的核算特点，填写表 2-2。

表 2-1　旅游餐饮服务企业的典型经营业务及其业务特点

行业	典型企业样态	典型经营业务	经营业务特点
旅游业			
餐饮业			
其他服务业			

表 2-2　旅游餐饮服务企业的典型经营业务的核算特点

典型业务	核算特点
核算对象	
收入	
成本费用	
存货	
货币	
涉税业务	

【知识链接】请扫码查看完成任务清单 2-1 的知识锦囊。

任务清单 2-1 的知识锦囊

【能量小贴士】子曰："默而识之，学而不厌，诲人不倦，何有于我哉？"

任务二　核算旅行社经营业务

任务清单 2-2　旅行社营业收入的核算

项目名称	任务清单内容
任务情境	1. 合家欢旅行社为增值税一般纳税人，组织一个 25 人的云南深度游旅游团，为期 12 天，旅游日程为 7 月 27 日至 8 月 7 日，已按旅游合同向旅游者收取不含税收入 150 000 元，增值税税额 9 000 元，共计收款 159 000 元。合家欢旅行社估计总成本为 120 000 元，至 7 月底实际已经支付相关费用 80 000 元。 2. 万飞旅行社是一家组团社，为增值税一般纳税人，主要提供境内外的旅游组团服务。 　8 月 18 日，其接受甲公司委托组团 30 人去华东五市旅游，从 8 月 28 日至 9 月 4 日，共计 8 天。每人收费 4 000 元，总计金额 120 000 元，按合同规定，甲公司已开具转账支票支付了 80 000 元账款。 　8 月底，按已经提供的劳务占应提供劳务总量的比例对甲公司这一旅游团进行收入核算。该旅游团全部行程共计 8 天，8 月底已进行了 4 天。实际参团 30 人，含税总价款为 120 000 元。 　9 月 4 日，该旅游团结束旅游顺利返回，旅行社向甲公司开具了全额发票。 　9 月 5 日，甲公司开出转账支票支付了尾款 40 000 元。 3. 顺风旅行社是华东五市旅游团的接团社，9 月 5 日，顺风旅行社向组团社万飞旅行社发出"旅游团费用拨款结算通知单"，金额合计 95 400 元，该旅行社对接的甲公司旅游团顺利结束旅游活动，已将旅客送离本地。
任务目标	掌握旅行社营业收入的核算方法。
任务要求	请你根据任务情境，通过网络搜索，完成以下任务： （1）了解旅行社经营业务的内容。 （2）知晓旅行社营业收入的构成。 （3）掌握旅行社营业收入的确认原则及方法。 （4）掌握旅行社营业收入的核算方法。
任务实施	业务 1 会计处理： （1）按已经提供的劳务占应提供劳务总量的比例确认收入 （2）按已经发生的成本占估计总成本的比例确认收入

项目名称	任务清单内容
任务实施	业务 2 会计处理： （1）收到甲公司转账支票时 （2）8 月底确认收入时 （3）9 月旅游结束确认收入时 业务 3 会计处理：
任务总结	通过完成上述任务，你学到了哪些知识或技能？
实施人员	
任务点评	

【点睛】①如果旅游团的旅游开始日期和结束日期分属于不同的月份期间，则应当按照完工百分比法进行营业收入的确认。②"主营业务收入"账户下应按收入类型分别设置明细账户，如可设立"组团外联收入""综合服务收入""零星服务收入""劳务收入""票务收入""地游及加项收入""其他服务收入"等二级科目。③对于组团社，其组团收费通常采用费用包干方式，即旅游者按照旅游线路和旅行天数，将包干费用一次性付清。④接团社一般在向组团社发出"旅游团费用拨款结算通知单"后即确认营业收入。

【做中学　学中做】请归纳总结旅行社营业收入的核算应知应会的主要知识点，填写表2-3。

表2-3　旅行社营业收入的核算应知应会的主要知识点

项目分类	主要知识点
经营业务的内容	
营业收入的构成	
营业收入的确认	
营业收入的核算	

【知识链接】请扫码查看完成任务清单2-2的知识锦囊。

任务清单2-2的知识锦囊

任务清单 2-3 旅行社营业成本的构成与核算

项目名称	任务清单内容
任务情境	1. 8月22日，万飞旅行社以银行存款支付甲公司旅游团旅客往返机票费22 000元。 2. 8月31日，万飞旅行社对甲公司旅游团进行营业成本核算。该团旅游时间从8月28日至9月4日，共计8天，计划拨付给接团社的综合服务成本为80 000元。 9月5日，万飞旅行社收到顺风旅行社发来的"旅游团费用拨款结算通知单"及普通发票，共计金额95 400元，通过银行转账支付了账款。 3. 9月5日，顺风旅行社顺利完成对万飞旅行社甲公司旅游团的接待，共支出84 800元，均已取得普通发票，款项已用银行存款转账支付，该企业采用差额计税法计税。
任务目标	掌握旅行社营业成本的构成与核算方法。
任务要求	请你根据任务情境，通过网络搜索，完成以下任务： (1) 了解旅行社营业成本的构成。 (2) 掌握旅行社营业成本的核算方法。
任务实施	业务1会计处理： (1) 可抵减的销项税额 = (2) 会计处理： 业务2会计处理：(1) 8月应确认的营业成本及会计处理 (2) 收到"旅游团费用拨款结算通知单"及普通发票 业务3会计处理：
任务总结	通过完成上述任务，你学到了哪些知识或技能？
实施人员	
任务点评	

【做中学　学中做】请归纳总结旅行社营业成本的构成与核算应知应会的主要知识点，填写表2-4。

表2-4　旅行社营业成本的构成与核算应知应会的主要知识点

项目分类	主要知识点
营业成本的构成	
营业成本的核算	（1）组团社营业成本的核算 （2）接团社营业成本的核算

【点睛】实行差额征税方式的旅游企业，应在"应交税费——应交增值税"税目下增设"销项税额抵减"专栏，用于记录该企业因按规定扣减销售额而减少的销项税额。

【知识链接】请扫码查看完成任务清单2-3的知识锦囊。

任务清单2-3的知识锦囊

【能量小贴士】子曰："德之不修，学之不讲，闻义不能徙，不善不能改，是吾忧也。"

任务三　核算餐饮企业经营业务

任务清单 2-4　餐饮制品原材料的核算

项目名称	任务清单内容
任务情境	嘉禾饭店是增值税一般纳税人，共有两个分店，发生以下经济业务： 1. 从批发市场购进茄子 40 千克，取得增值税专用发票，每千克不含税价为 6 元，增值税税率为 9%，已验收入库；购进新鲜牛肉 30 千克，取得小规模纳税人由税务部门代开的增值税专用发票，每千克不含税价为 80 元，增值税税率为 3%，直接交由二分店进行烹制；从某蔬菜批发公司购进各类新鲜绿色蔬菜一批，共 1 500 元，取得增值税普通发票，交由一分店使用。以上货款均已转账支付。 2. 一分店领用茄子 10 千克，茄子月初库存 5 千克，单价 8 元，本月购进 40 千克，单价 6 元，采用先进先出法进行原材料发出核算。 3. 委托丰收豆腐坊加工豆腐，"委托加工材料发料单"显示，从仓库发出黄豆 120 千克，每千克 5 元，并现金支付了 30 元的运杂费。 以现金形式支付给丰收豆腐坊豆腐的加工费，取得增值税专用发票，不含税价为 150 元，进项税额为 24 元。 委托加工的豆腐收回并验收入库。 4. 一分部的仓库调拨给二分部一批豆角，转来的"原材料内部调拨单"显示数量为 100 千克，实际成本为 800 元。
任务目标	掌握餐饮制品原材料成本的核算方法。
任务要求	请你根据任务情境，通过网络搜索，完成以下任务： （1）了解餐饮行业存货及原材料的分类。 （2）掌握餐饮制品原材料的计价方法。 （3）掌握餐饮制品原材料的核算方法。
任务实施	业务 1 会计处理： （1）购进的茄子可抵扣的增值税进项税额 = （2）购进的新鲜牛肉可抵扣的增值税进项税额 = （3）原材料购入的会计处理

项目名称	任务清单内容
任务实施	业务 2 会计处理：（1）茄子的发出成本 = （2）原材料发出的会计处理 业务 3 会计处理： （1）发出委托加工材料的会计处理 （2）支付加工费的会计处理 （3）收回委托加工物资的会计处理
任务总结	通过完成上述任务，你学到了哪些知识或技能？
实施人员	
任务点评	

【做中学　学中做】请归纳总结餐饮制品原材料核算应知应会的主要知识点，填写表2-5。

表2-5　餐饮制品原材料核算应知应会的主要知识点

项目分类	主要知识点
餐饮行业原材料的具体分类	
原材料的计价	外购原材料的计价 自制原材料的计价 委托加工材料的计价
原材料的核算	原材料购入的核算 原材料发出的核算 委托加工材料的核算 原材料调拨的核算

【知识链接】请扫码查看完成任务清单2-4的知识锦囊。

任务清单2-4的知识锦囊

任务清单 2-5　餐饮制品成本的核算

项目名称	任务清单内容
任务情境	1. 清云饭店餐饮制品耗用原材料盘存方法采用永续盘存制。中餐厅厨房月末编制了"月末剩余原材料、半成品和待售制成品盘存表",如下表所示。 月末剩余原材料、半成品和待售制成品盘存表 编辑部门：中餐厅　　　　　　　20××年7月2日　　　　　　　单位：元 | 原材料					半成品		待售制成品		合计	
---	---	---	---	---	---	---	---	---	---	---
名称	单位	数量	单价	金额	材料数量	半成品金额	材料数量	制成品金额	材料数量	金额
茄子	千克	20	4	80					20	80
牛肉	千克	10	40	400	8	360	5	250	23	1 010
豆腐	千克	8	3	24					8	24
猪肉	千克	15	30	450	5	200	6	270	26	920
合计						2 034					 2. 百姓小吃是一家小型饭店,"原材料"账户月初余额为 6 000 元,本月购进原材料总额为 120 000 元,月末盘点,计算出仓库和厨房结存材料总额为 5 000 元。月末采用实地盘存制计算本月耗用的原材料成本。 3. 嘉禾饭店购进活鱼一批共 40 千克,每千克 20 元,总金额 800 元,经加工后得净鱼 25 千克,鱼鳞及内脏等下脚料不计价,求净鱼的单位成本。 　　假定加工活鱼的过程中产生的鱼内脏等可以作价 75 元,求净鱼的单位成本。 4. 嘉禾饭店购进大骨鸡 50 只,重 80 千克,每千克 30 元,总金额 2 400 元。经宰杀去内脏后得鸡翅 10 千克,每千克 46 元;鸡腿 24 千克,每千克 45 元;鸡爪 5 千克,每千克 24 元;鸡血 1 块,作价 30 元;剩余光鸡净重 25 千克。计算光鸡的单位成本。
任务目标	掌握餐饮制品成本的核算方法。
任务要求	请你根据任务情境,通过网络搜索,完成以下任务: (1) 掌握餐饮制品原材料的盘存方法。 (2) 掌握餐饮制品食品净料成本的计算方法。
任务实施	业务 1 会计处理: (1) 根据"月末剩余原材料、半成品和待售制成品盘存表"编写会计分录 (2) 下月月初再次填制领料单,编写会计分录

项目名称	任务清单内容
任务实施	业务 2 会计处理： （1）本月耗用的原材料成本＝ （2）根据计算结果，编写相应的会计分录 业务 3 会计处理： （1）净鱼单位成本＝ （2）若产生的下脚料可作价，则净鱼单位成本＝ 业务 4 会计处理： 光鸡的单位成本＝
任务总结	通过完成上述任务，你学到了哪些知识或技能？
实施人员	
任务点评	

【点睛】餐饮制品成本核算的相关公式：
（1）永续盘存制计算公式
本月耗用原材料成本＝厨房月初结存额＋本月领用额－厨房月末盘存额
（2）实地盘存制计算公式
本月耗用原材料成本＝月初仓库和厨房结存额＋本月购进总额－月末仓库和厨房盘存总额
（3）一料一档的计算公式
单位食品净料成本＝购进原材料总成本÷加工后食品净料总重量
（若下脚料可作价利用）＝（购进原材料总成本－下脚料金额）÷加工后食品净料总重量
（4）一料多档的计算公式

$$某未定价食品净料单位成本 = \frac{原材料购进总成本 - 其他食品净料成本之和}{该项食品净料重量}$$

【做中学　学中做】请归纳总结餐饮制品成本核算应知应会的主要知识点，填写表 2-6。

表 2-6　餐饮制品成本核算应知应会的主要知识点

项目分类	主要知识点
原材料的盘存方法	永续盘存制
	实地盘存制
食品净料成本的计算	一料一档的计算方法
	一料多档的计算方法

【知识链接】请扫码查看完成任务清单 2-5 的知识锦囊。

任务清单 2-5 的知识锦囊

任务清单 2-6 餐饮制品销售的核算

项目名称	任务清单内容
任务情境	嘉禾饭店是增值税一般纳税人，适用 6% 的税率，共有两个分店，发生以下经济业务： 1. 一分部中餐厅的红烧茄子按配料表计算，每份配料的成本价为 8 元，规定销售毛利率为 50%，按销售毛利率法求每份红烧茄子的售价。 2. 一分部中餐厅的水煮肉片按配料表计算，每份配料的成本价为 18 元，规定成本毛利率为 100%，按成本毛利率法求每份水煮肉片的售价。 3. 二分部收银台交来"销售日报表"和"收款日报表"，报表显示当日收入现金 3 000 元，转账支票 8 000 元，支付宝账户收入 5 000 元，微信账户收入 9 500 元。主营业务收入（包括菜肴、饮料、服务费等）各项合计金额为 25 500 元（含税）。
任务目标	掌握餐饮制品销售的核算方法。
任务要求	请你根据任务情境，通过网络搜索，完成以下任务： （1）掌握餐饮制品售价的制定方法。 （2）掌握餐饮制品销售收入的核算方法。
任务实施	根据业务 1，每份红烧茄子的售价 = 根据业务 2，每份水煮肉片的售价 = 根据业务 1 和业务 2，归纳总结销售毛利率与成本毛利率的换算关系： 根据业务 3，会计分录如下：
任务总结	通过完成上述任务，你学到了哪些知识或技能？
实施人员	
任务点评	

【点睛】餐饮制品售价制定的相关公式：
（1）销售毛利率法计算公式

$$销售价格 = 原材料成本 \div (1 - 销售毛利率)$$

（2）成本毛利率法计算公式

$$销售价格 = 原材料成本 \times (1 + 成本毛利率)$$

$$成本毛利率 = 毛利额 \div 原材料成本 \times 100\%$$

【做中学 学中做】请归纳总结餐饮制品销售应知应会的主要知识点，填写表2-7。

表2-7 餐饮制品销售应知应会的主要知识点

项目分类	主要知识点
餐饮制品销售收入的类型	
餐饮制品售价的制定方法	销售毛利率法 成本毛利率法
餐饮制品销售收入的核算	

【知识链接】请扫码查看完成任务清单2-6的知识锦囊。

任务清单2-6的知识锦囊

【能量小贴士】子以四教：文，行，忠，信。——《论语》

任务四 核算酒店企业经营业务

任务清单2-7 酒店企业经营业务的核算

项目名称	任务清单内容
任务情境	豪客来酒店是增值税一般纳税人，发生以下经济业务： 1. 12月10日的"客房营业日报表"如下表所示，实际收到现金3 000元，支付宝收款4 000元，微信收款3 500元，信用卡收款5 000元，信用卡手续费费率为5‰。据此进行会计核算。 客房营业日报表 20××年12月10日 	今日应收		结算	
---	---	---	---
项目	金额（元）	项目	金额（元）
房金	16 000	昨日结存	2 000
加床	400	本日预收	15 500
酒水食品	100	本日应收	16 650
洗衣	150	本日结存	850
应收合计	16 650	宾客挂账内容	
附注	本日可出租房	96	间	单位或姓名	金额（元）
	本日实际出租房	80	间	欢乐旅行社	1 600
	客房出租率	83.33	%		
	本日维修房	4	间		
	本日空房	16	间		| 客房部主管：赵美丽　　　　　　　　　　　　　　　　　　　制单：张丹丹 2. 12月11日共入住宾客100人，送每位客人一张价值12元的免费早餐券，当日经与餐厅核对，共回收90张早餐券。豪客来酒店的餐厅和客房部属于独立核算的部门。 月末，客房部与餐厅进行款项结算，本月客房部应支付餐厅早餐款34 900元，款项以转账付讫。 3. 12月12日购进一批全新床上用品并投入使用，取得增值税专用发票，不含税价50 000元，增值税税率为13%，货款已转账付讫，按4年摊销。 4. 12月15日，客人入住期间损坏床单一条，按规定收取赔偿金60元。
任务目标	掌握酒店企业经营业务的核算方法。
任务要求	请你根据任务情境，通过网络搜索，完成以下任务： (1) 了解酒店客房经营业务的特点。 (2) 掌握酒店客房营业收入的确认方法。 (3) 掌握酒店客房营业收入的核算方法。 (4) 掌握酒店客房营业费用的核算方法。

项目名称	任务清单内容
任务实施	业务 1 会计处理： （1）应冲减预收账款 = （2）增值税销项税额 = （3）核算本日预收的会计分录 （4）核算本日营业收入的会计分录 业务 2 会计处理： （1）客房部核算早餐券费用的会计分录 （2）餐厅核算早餐营业收入的会计分录 （3）月末，客房部付款的会计分录 （4）月末，餐厅收款的会计分录 业务 3 会计处理： （1）床上用品购进核算 （2）本月摊销该批已使用的床上用品费用 业务 4 会计处理：
任务总结	通过完成上述任务，你学到了哪些知识或技能？
实施人员	
任务点评	

【点睛】"客房营业日报表"中,"今日应收"栏中的"应收合计"应与"结算"栏中的"本日应收"栏的金额相符,"昨日结存"栏中的金额为酒店截至上日结存的预收房金的数额。"本日结存"栏中数据的计算公式如下:

本日结存 = 昨日结存 + 本日预收 − 本日应收

"客房营业日报表"的"附注"栏中,"本日可出租房"为全部客房间数减去当天因维修不能出租的间数,客房出租率 = 实际出租间数 ÷ 可出租间数 × 100%。

【做中学 学中做】请归纳总结酒店客房经营业务应知应会的主要知识点,填写表 2-8。

表 2-8 酒店客房经营业务应知应会的主要知识点

项目分类	主要知识点
酒店客房经营业务的特点	
客房营业收入的确认	
客房营业收入的核算	
酒店客房营业费用的核算	客房早餐券的核算 客房其他耗用的核算

【知识链接】请扫码查看完成任务清单 2-7 的知识锦囊。

任务清单 2-7 的知识锦囊

【能量小贴士】子曰:"三人行,必有我师焉。择其善者而从之,其不善者而改之。"

知识测试与能力训练

一、单项选择题

1. 旅游企业预收的旅游业务收入，要通过（ ）账户核算。
   A. 其他应收款　　B. 应收账款　　C. 应付账款　　D. 预付账款
2. 某餐厅的红烧茄子每碟耗料成本为10元，规定的成本毛利率为60％，则每碟红烧茄子的售价为（ ）元。
   A. 15　　　　B. 16　　　　C. 18　　　　D. 20
3. 旅馆客房业务收入的入账金额为（ ）。
   A. 预收的定金　　　　　　　　B. 实际收款
   C. 客房的实际出租价　　　　　D. 客房规定的出租价
4. 餐饮业不宜于入库管理的原材料是（ ）。
   A. 粮食　　　B. 豆油　　　C. 调味品　　　D. 蔬菜
5. （ ）是指非组团旅行社为组团社派出全程陪同、翻译、导游人员，按规定开支的各项费用。
   A. 综合服务成本　　　　　　　B. 劳务成本
   C. 零星服务成本　　　　　　　D. 其他服务成本

二、多项选择题

1. 旅游企业的营业收入按其性质不同，一般包括（ ）。
   A. 组团外联收入　　　　　　　B. 综合服务收入
   C. 零星服务收入　　　　　　　D. 地游及加项收入
2. 旅游经营业务的营业成本包括（ ）。
   A. 导游费　　B. 宣传费　　C. 票务费
   D. 住宿费　　E. 营业人员工资
3. 旅游餐饮服务业会计核算的特点有（ ）。
   A. 收入成本种类多
   B. 涉及外币业务核算
   C. 自制商品与外购商品分别核算
   D. 收入入账采用收付实现制
4. 饮食制品成本的核算方法有（ ）。
   A. 收付实现制　　　　　　　　B. 权责发生制
   C. 永续盘存制　　　　　　　　D. 实地盘存制
5. 餐饮行业原材料按照在餐饮制品中所起的作用不同分类，可以分为（ ）。
   A. 入库原材料类　　B. 副食类　　C. 干货类　　D. 粮食类

三、判断题

1. 餐饮企业的成本核算一般只需核算原材料总成本，不核算单位成本。（ ）
2. 饮食业采用"永续盘存制"核算材料成本时，因为发出材料时都有账簿记录，

则月末不需要盘点。（ ）

3. 宾馆主要是以出租客房的使用权为其主营业务的。（ ）

4. 实行差额征税方式的旅游企业，应在"应交税费——应交增值税"税目下增设"销项税额抵减"专栏，用于记录该企业因按规定扣减销售额而减少的销项税额。

（ ）

5. 餐饮制品的成本是指其所耗用的原材料成本，而生产过程中发生的其他费用，如燃料、厨师的工资等，计入"管理费用"。（ ）

四、业务操作题

友盛饭庄为增值税一般纳税人，2020 年 7 月，委托 A 熟食店加工酱牛肉一批，业务如下：

（1）"委托加工材料发料单"显示，从仓库发出新鲜牛肉 30 千克，每千克 35 元，并现金支付了 30 元的运杂费。

（2）接上，以现金形式支付 A 熟食店酱牛肉的加工费，取得增值税专用发票，不含税价为 300 元，进项税额为 39 元。

（3）接上，委托加工的酱牛肉收回并验收入库。

要求：请根据以上资料编写相关的会计分录。

知识测试与能力训练解析

项目三

施工企业会计核算

 知识目标

- 熟悉建筑施工企业的会计标准体系
- 掌握施工企业在运营过程中涉及的成本核算及相关合同的收入与费用
- 熟悉建筑业的主要经营业务及其核算特点

技能目标

- 能够对施工企业的周转材料和临时设施业务进行核算
- 能够准确归集施工企业工程建设的成本费用
- 能够对施工企业的完工成本进行准确核算
- 能够准确核算施工企业的工程合同收入和合同费用

素质目标

- 培养学生按现行税收政策变化正确处理涉税业务的能力
- 培养学生复杂问题拆分简化的能力
- 培养学生根据人员身份不同处理工资业务的应变能力

 会人会语

练就过硬本领　投身强国伟业

　　建筑业作为我国国民经济发展的支柱产业之一，长期以来为国民经济的发展做出了突出的贡献。特别是进入21世纪以后，建筑业发生了巨大的变化，我国的建筑施工技术水平跻身于世界先进行列，在解决重大项目的科研攻关中得到了长足的发展，我国的建筑施工企业已成为发展经济、建设国家的一支重要的有生力量。

　　随着我国改革开放的逐步深入和建筑市场的竞争日趋激烈，迫切要求施工企业在深化改革、建立现代企业制度的进程中，不断提高经营管理水平。施工企业会计是施工企业经营管理的重要组成部分，做好会计工作，充分发挥会计的核算、监督、预测、决策和评价的职能，对提高企业的经济效益，增强企业的市场竞争能力，具有重要的意义。

　　李伟鹏是某施工企业的一名会计，他第一次来到施工现场，发现到处是机器轰鸣的声音，运砂土的车辆川流不息，吊车的吊臂吊着材料在头顶移动，工人们的休息房屋散布在工地两侧，材料堆积如山，人员流动频繁，但看似混乱的场面，工人作业却井然有序。月底，人事部门送来了经批准的工资表，总部工作人员的工资总额208 098元，施工现场管理人员工资107 086元，车辆作业人员工资84 898元，施工工人工资128 469元。对着这张工资表，李伟鹏有点疑惑：总部工作人员与施工现场管理人员都是管理人员，他们的工资是都记入同一个损益科目吗？车辆作业人员与施工现场工人都是基层生产人员，他们的工资都算成本吗？此刻，李伟鹏深深意识到会计人生路漫漫，只有练就过硬本领，才能投身强国伟业！

任务一　认知施工企业会计

任务清单3-1　认知施工企业会计

项目名称	任务清单内容
任务情境	随着我国经济和城镇化建设的快速发展，我国各地随处可见鳞次栉比的高楼、宽阔通畅的道路，施工工地和忙碌的建筑工人的身影成为各地经济发展中一道亮丽的风景。 　　施工企业是从事建筑安装、工程施工的企业，是自主经营、独立核算、自负盈亏的商品生产经营者，是具有一定权利和义务的法人，承担着这些基础设施的建设工作，为我国的经济发展做出了重要贡献。 　　要想学好施工企业的会计核算，首先要对施工企业有所了解。
任务目标	认知施工企业，掌握施工企业的会计核算模式。
任务要求	请你根据任务情境，通过网络搜索，思考完成以下任务： （1）施工企业主要是指哪些类型的企业？主要开展哪些经营活动？ （2）施工企业业务活动相较于其他企业有什么特点？在会计业务核算上又有什么不同之处？
任务实施	（1）归纳施工企业主要经营活动 （2）施工企业会计的对象 （3）施工企业典型业务的核算特点
任务总结	通过完成上述任务，你学到了哪些知识或技能？
实施人员	
任务点评	

【知识链接】请扫码查看完成任务清单 3-1 的知识锦囊。

任务清单 3-1 的知识锦囊

【能量小贴士】子曰:"饭疏食,饮水,曲肱而枕之,乐亦在其中矣,不义而富且贵,于我如浮云。"——《论语》

任务二　核算周转材料和临时设施

任务清单3-2　施工企业周转材料的核算

项目名称	任务清单内容
任务情境	鹏达建筑公司为增值税一般纳税人，本月发生了如下业务： 1. 购入一批挡板，增值税专用发票上注明的价款为60 000元，增值税税额为7 800元，计划成本为62 000元，货款已通过银行转账支付，挡板已验收入库。 2. 鹏达建筑公司的龙源小区合同工程本月领用一次性摊销的安全网一批，计划成本为15 000元，材料成本差异率为2%。 3. 鹏达建筑公司的龙源小区合同工程本月领用分次摊销的挡土板一批，计划成本为30 000元。 4. 鹏达建筑公司根据本月龙源小区在用周转材料的使用情况进行周转材料摊销的核算。其中，钢管的计划成本为500 000，按月摊销率2%计算，定型模板共使用了4次，按每次摊销额1 500元计算，组合模板的工程量为1 000立方米，按摊销率90元/立方米工程量计算。
任务目标	掌握施工企业中周转材料相关业务的核算方法。
任务要求	请你根据任务情境，学习施工企业周转材料的核算方法，完成上述业务的会计处理。
任务思考	（1）在施工企业中，周转材料的内容都有哪些？ （2）施工企业周转材料的特点有哪些？
任务实施	业务1会计处理：

项目名称	任务清单内容
任务实施	业务 2 会计处理： 业务 3 会计处理： 业务 4 会计处理：
任务总结	通过完成上述任务，你学到了哪些知识或技能？
实施人员	
任务点评	

【点睛】根据施工企业周转材料的使用特点，周转材料价值摊销方法主要有4种，如表3-1所示。

表3-1 周转材料的摊销方法

名称	含义	适用范围
一次摊销法	在领用时就将周转材料的全部价值一次性计入工程成本或有关费用	适用于单价价值低、易损耗的周转材料，如安全网等
分次摊销法	根据周转材料的预计使用次数，计算每一次的摊销额	适用于使用次数较少或不经常使用的周转材料，如定型模板等
分期摊销法	根据周转材料的预计使用期限，计算每期的摊销额	适用于使用次数较多的周转材料，如脚手架等
定额摊销法	根据实际完成的实物工程量和预算规定的周转材料消耗定额，计算本期摊销额	适用于损耗与完成实物工程量直接相关的周转材料，如各种模板等

其中，不同摊销法的计算公式如下：

分次摊销法：分次摊销额 $= \dfrac{周转材料原值 \times (1 - 残值率)}{预计使用次数}$

分期摊销法：每期摊销额 $= \dfrac{周转材料原值 \times (1 - 残值率)}{预计使用期数}$

定额摊销法：本期摊销额 = 本期完成的实物工程量 × 周转材料单位消耗定额

无论采用哪种摊销方法，都应定期或在工程竣工时进行周转材料的盘点和估价，以调整各种摊销方法的计算误差，确保工程和产品成本计算的准确性。

【做中学 学中做】请归纳总结施工企业周转材料业务的主要账务处理。

做中学 学中做	

【知识链接】请扫码查看完成任务清单3-2的知识锦囊。

任务清单3-2的知识锦囊

【能量小贴士】子曰："我非生而知之者，好古，敏以求之者也。"——《论语》

任务清单 3-3　施工企业临时设施的核算

项目名称	任务清单内容
任务情境	鹏达建筑公司为增值税一般纳税人，本月发生业务如下，试做出相对应的会计分录： 1. 鹏达建筑公司在龙源二期工程施工现场搭建临时工人宿舍，领用建筑材料500 000元。 2. 鹏达建筑公司在龙源二期工程施工现场搭建临时工人宿舍交付使用，共发生建设费用800 000元。 3. 鹏达建筑公司的龙源二期工程施工期限为2年，临时宿舍的预计净残值为8%，按月计提临时宿舍的折旧。 4. 鹏达建筑公司的龙源二期工程按时竣工，临时宿舍拆除，拆除时已计提折旧736 000元，在拆除过程中以银行存款支付清理费用9 000元，残料作价60 000元入库。
任务目标	掌握施工企业临时设施相关业务的核算方法。
任务要求	请你根据任务情境，学习施工企业临时设施的核算方法，完成上述业务的会计处理。
任务思考	（1）在施工企业中，临时设施的内容都有哪些？ （2）施工企业临时设施的核算涉及哪些会计科目？
任务实施	业务1会计处理： 业务2会计处理： 业务3会计处理：

项目名称	任务清单内容
任务实施	业务 4 会计处理： （1）将拆除的临时宿舍转入清理 （2）核算发生的清理费用 （3）核算回收的残料 （4）结转清理后的净损失
任务总结	通过完成上述任务，你学到了哪些知识或技能？
实施人员	
任务点评	

【点睛】施工企业的临时设施是指为了保证施工和管理的正常进行而建造的各种临时性生产、生活设施。施工企业之所以需要搭建临时设施，是因为建筑安装工程的固定性和建筑施工的流动性。为了保证施工的顺利进行，每当施工队伍进入新的工程项目建筑工地时，必须搭建一些临时设施。这些临时设施在工程竣工后，必须拆除或做其他处理。

【做中学　学中做】请归纳总结施工企业临时设施相关业务的主要账务处理。

做中学　学中做

【知识链接】请扫码查看完成任务清单3-3的知识锦囊。

任务清单3-3的知识锦囊

【能量小贴士】子曰："敏而好学，不耻下问。"——《论语》

任务三　核算工程成本

任务清单 3-4　施工企业工程成本核算概述

项目名称	任务清单内容
任务情境	施工企业在施工生产过程中所发生的一定数量的人力、物力和财力的耗费，形成了施工企业的工程施工费用。施工费用按一定的建造工程对象进行归集，就构成了建造工程的成本。
任务目标	认知施工企业工程成本的会计核算。
任务要求	请你根据任务情境，通过网络搜索，完成以下任务： （1）归纳总结施工企业的成本对象。 （2）归纳总结施工企业工程成本核算需要设置的账户及其具体核算的内容。
任务思考	在施工企业中，核算工程成本需要涉及哪些账户？这些账户的具体核算内容是什么？
任务实施	（1）归纳总结施工企业的成本对象 （2）归纳总结施工企业工程成本核算需要设置的账户及其具体核算的内容
任务总结	通过完成上述任务，你学到了哪些知识或技能？
实施人员	
任务点评	

【点睛】所谓工程成本，是指为完成工程建设所发生的各项直接或间接费用。工程成本的核算，就是对施工企业一定时期内的施工费用进行归集、分配形成的核算，是施工企业会计核算的主要内容。在核算施工的工程成本时，一般设置5个成本项目，如表3-2所示。

表3-2 施工企业工程成本项目分类表

成本项目	含义	核算内容
人工费	指企业应付给直接从事建筑安装人员的各种薪酬	工资、奖金、工资性津贴、工资附加费、劳动保护费等
材料费	指工程施工过程中耗用的各种材料物资的实际成本	工程施工过程中耗用的原材料、辅助材料、零件、机械配件等的费用，周转材料摊销额及租赁费用
机械使用费	指在施工过程中使用施工机械发生的各种费用	自有施工机械所发生的机械使用费及租用外单位机械的设备租赁费，以及施工机械的安装拆卸等费用
其他直接费用	指在施工过程中发生的除了人工费、材料费、机械使用费之外的直接与施工相关的各种其他费用	施工过程中发生的材料二次搬运费、场地清理费、临时设施摊销费等
间接费用	指企业下属的各施工单位，为了组织和管理工程施工所发生的各种费用	施工单位管理人员工资、奖金、职工福利费、行政管理部门使用的固定资产折旧费、修理费、低值易耗品的摊销费等

【做中学 学中做】请归纳总结施工企业工程成相关业务的主要账务处理。

做中学 学中做

【知识链接】请扫码查看完成任务清单3-4的知识锦囊。

任务清单3-4的知识锦囊

【能量小贴士】子曰："知者乐水，仁者乐山。知者动，仁者静。知者乐，仁者寿。"——《论语》

任务清单3-5　工程施工成本中人工费与材料费的核算

项目名称	任务清单内容
任务情境	鹏达建筑公司为增值税一般纳税人，本月发生了如下业务： 1. 鹏达建筑公司本月有龙源小区一期和宏辉商场两个施工工程在建，应付从事工程施工工人的人工费210 000元，其中，龙源一期耗用4 000工时，宏辉商场耗用3 000工时，工资费用按工时分配。 2. 鹏达建筑公司与具有建筑业劳务分包资质的启明公司签订劳务分包合同，由启明公司负责龙源一期A区的劳务施工，启明公司为增值税一般纳税人。本月月末根据工程施工部门确定的验工计价单，应付启明公司的劳务费价税合计为163 500元。根据合同规定，启明公司开具了增值税专用发票，鹏达建筑公司通过银行支付了该项劳务费。 3. 鹏达建筑公司根据各审核无误的领料凭证汇总表进行材料费用的核算。其中龙源一期使用的主要材料计划成本为300 000元，成本差异2 200元，其他材料计划成本为8 000元，成本差异200元；宏辉商场工程使用的主要材料计划成本为280 000，成本差异为1 000元，其他材料计划成本为6 000元，成本差异-180元。
任务目标	掌握施工企业人工费与材料费的相关业务核算方法。
任务要求	请你根据任务情境，学习施工企业人工费、材料费的核算方法，完成上述业务的会计处理。
任务思考	（1）在施工企业中，人工费与材料费如何核算？ （2）施工企业核算人工与材料费会涉及哪些账户？
任务实施	业务1会计处理： 业务2会计处理：

项目名称	任务清单内容
任务实施	业务3 会计处理： （1）分配材料费用计划成本 （2）分配材料费用成本差异
任务总结	通过完成上述任务，你学到了哪些知识或技能？
实施人员	
任务点评	

【点睛】施工企业的材料费用,是指在工程施工过程中所耗用的构成工程实体的主要材料、结构件、机械配件、其他材料和周转材料的摊销及租赁费用。具体内容如表3-3所示。

表3-3 施工企业材料费用分类

分类	具体内容
主要材料费用	用于工程或产品并构成工程或产品实体的各种材料(如水泥、砖、金属材料、化工材料等)的费用
结构件费用	经过吊装、拼砌和安装而构成房屋建筑物实体的各种金属、钢筋混凝土和木质的结构物、构件、砌块等的费用
机械配件费用	施工机械、生产设备、运输设备等各种机械设备替换、维修使用的各种零件和配件,以及为机械设备准备的备品配件的费用
其他材料费用	不构成工程或产品实体,但有助于工程或产品形成的各种材料(如燃料、润滑油、绳子、擦布等)的费用
周转材料费用	工程施工应负担的周转材料的摊销和租入周转材料的租赁费

【做中学 学中做】请归纳总结工程施工成本中人工费与材料费的核算方法及主要账务处理。

做中学 学中做

【知识链接】请扫码查看完成任务清单3-5的知识锦囊。

任务清单3-5的知识锦囊

【能量小贴士】子曰:"不患人之不己知,患不知人也。"——《论语》

任务清单 3-6　施工企业机械使用费的核算

项目名称	任务清单内容
任务情境	鹏达建筑公司为增值税一般纳税人，本月发生了如下业务： 1. 公司自有的一台起重机本月领用燃料柴油计划成本为 6 000 元，应分摊的材料成本节约差异额为 -400 元，起重机的操作人员及其他薪酬共计 9 600 元，发生维修费 2 000 元，以银行存款支付，计提折旧费 2 400 元。 2. 本月起重机实际发生费用为 20 400 元，实际工作 10 个台班，其中为龙源一期工程工作 6 台班，为宏辉商场工程工作 4 台班。 3. 本月公司自有的载重工程卡车实际发生费用 150 000 元，提供运输作业量 10 000 吨·千米，其中为龙源一期工程提供作业量 7 000 吨·千米，为宏辉商场提供作业量 3 000 吨·千米。 4. 本月公司自有的推土机为龙源一期和宏辉商场两项工程实际发生的机械作业费用为 14 000 元，龙源一期工程预算使用费为 12 000 元，宏辉商场工程预算使用费为 8 000 元。 5. 公司收到大洋公司机械租赁费结算账单，本月租用挖掘机的租赁费为 80 000 元，增值税税额为 10 400 元，取得增值税专用发票，以转账支票支付了租赁费。根据本月台账记录，龙源一期工程共使用 60 台班，宏辉商场工程共使用 40 台班。
任务目标	掌握施工企业机械使用费的相关业务核算方法。
任务要求	请你根据任务情境，学习施工企业机械使用费的核算方法，完成上述业务的会计处理。
任务思考	（1）在施工企业中，使用自有的机械和使用租入的机械在核算上有哪些不同之处？ （2）施工企业使用自有机械，在费用分配上有哪些方法？
任务实施	业务 1 会计处理： （1）领用燃料柴油的核算 （2）应负担的操作人员工资及其他薪酬的核算

项目名称	任务清单内容
任务实施	（3）支付维修费的核算 （4）计提折旧的核算 业务 2 会计处理： 业务 3 会计处理： 业务 4 会计处理： 业务 5 会计处理：
任务总结	通过完成上述任务，你学到了哪些知识或技能？
实施人员	
任务点评	

【点睛】（1）为了独立考核使用自有施工机械和运输设备进行作业的费用情况，发生的机械作业费用应先通过"机械作业"账户进行归集，期末再按一定的方法分配计入各工程成本核算对象。属于企业承包工程负担的机械使用费，应转入"工程施工"账户；属于企业自建工程负担的机械使用费，应转入"在建工程"账户；属于对外出租业务负担的机械使用费，应转入"劳务成本"账户。

（2）针对施工企业机械使用费的相关计算公式总结如下：

① 自有施工机械使用费分配的核算：

a. 台班分配法。

某种机械单位台班实际成本＝该种机械作业费用合计÷该种机械实际作业台班数

某受益对象应分配的某种机械作业费用 ＝ 该受益对象使用该种机械的台班数×该种机械单位台班实际成本

b. 作业量分配法。

某种机械单位作业量实际成本＝该种机械实际发生组作业费用总额÷该种机械实际完成作业量

某受益成本核算对象应负担的该种机械使用费＝该种机械单位作业量实际成本×该种机械为受益成本核算对象提供的作业量

c. 预算分配法。

当期机械使用费分配率＝当期发生使用费总额÷当期各成本对象已完工预算使用费之和

某成本对象当期应负担的机械使用费＝该成本对象当期完工预算机械使用费×当期机械使用费分配率

② 租入施工机械使用费的核算

平均台班租赁费＝支付的租赁费总额÷租入机械作业总台班数

某成本核算对象应负担的机械租赁费＝该成本核算对象实际使用台班数×平均台班租赁费

【做中学　学中做】 请归纳总结施工企业机械使用费的核算方法及主要账务处理。

【知识链接】请扫码查看完成任务清单 3-6 的知识锦囊。

任务清单 3-6 的知识锦囊

【能量小贴士】子曰:"不愤不启,不悱不发。举一隅不以三隅反,则不复也。"——《论语》

任务清单 3-7　工程施工企业其他直接费用和间接费用的核算

项目名称	任务清单内容
任务情境	鹏达建筑公司为增值税一般纳税人，本月发生了如下业务： 1. 公司以银行存款直接支付场地清理费 8 000 元、增值税 480 元，取得增值税专用发票。龙源一期工程负担 60%，宏辉商场工程负担 40%。 2. 公司本月发生如下间接费用：分配行政管理人员工资及其他薪酬 60 000 元；以银行存款支付水电费 18 000 元；计提本月行政管理部门使用的固定资产折旧 28 000 元；报销差旅费 2 000 元，以现金支付。本月有龙源一期和宏辉商场两项工程施工，其中龙源一期发生的直接费用是 4 800 000 元，宏辉商场发生的直接费用是 3 200 000 元。
任务目标	掌握施工企业其他直接费用和间接费用的相关业务核算方法。
任务要求	请你根据任务情境，学习施工企业其他直接费用和间接费用的核算方法，完成上述业务的会计处理。
任务思考	（1）在施工企业中，其他直接费用都包含哪些？间接费用包含哪些？ （2）施工企业核算其他直接费用和间接费用涉及的账户有哪些？
任务实施	业务 1 会计处理： 业务 2 会计处理： （1）分配本月管理人员薪酬

项目名称	任务清单内容
任务实施	（2）支付水电费的核算 （3）计提固定资产折旧 （4）报销差旅费 （5）分配间接费用
任务总结	通过完成上述任务，你学到了哪些知识或技能？
实施人员	
任务点评	

【做中学　学中做】间接费用是施工企业所属各施工单位为组织和管理施工生产活动所发生的共同性费用，一般难以分清具体的受益对象。因此在费用发生时，应先通过"工程施工——间接费用"账户进行归集，然后按适当的分配标准将其摊入各项工程成本中。一般以各成本核算对象的直接成本为标准进行分配。其计算公式如下：

$$间接费用分配率 = \frac{当期发生的全部间接费用}{当期各合同工程发生的直接费用总额}$$

某合同工程当期应负担的间接费用 = 该合同工程当期实际发生的直接费用 × 间接费用分配率

【知识链接】请扫码查看完成任务清单3-7的知识锦囊。

任务清单3-7的知识锦囊

任务四　核算工程合同收入与费用

任务清单3-8　核算工程合同收入与费用

项目名称	任务清单内容
任务情境	1. 鹏达建筑公司签订了一份总金额为3 200万元的工程合同，合同规定的建设期为3年。第一年，实际发生合同成本600万元，年末预计为完成合同尚需发生成本1 800万元；第二年，实际发生合同成本1 000万元，年末预计为完成合同尚需发生成本900万元。 2. 鹏达建筑公司签订了一份修建100千米高速公路的建造合同。合同规定的总金额为6 000万元，工期为3年。第一年修建了30千米，第二年修建了45千米。 根据上述资料计算合同完工进度。
任务目标	认知施工企业合同收入与费用的会计核算。
任务要求	请你根据任务情境，学习施工企业合同收入与费用的核算方法，计算合同完工进度。
任务思考	（1）施工企业的建造合同类型有哪些？ （2）施工企业工程合同收入的组成分别有哪些？ （3）建造合同的总成本应该如何计算？ （4）在核算工程合同收入与费用过程中，会使用到哪些账户？

项目名称	任务清单内容
任务实施	（1）计算资料1合同完工进度 （2）计算资料2合同完工进度
任务总结	通过完成上述任务，你学到了哪些知识或技能？
实施人员	
任务点评	

【点睛】 根据《企业会计准则第 15 号——建造合同》的规定，在一个会计年度内完成的施工承包合同，应当在完成时确认合同收入和合同费用；不能在一个会计年度内完成的施工承包合同，企业在资产负债表日应首先判断合同的结果能否可靠地估计，然后按照不同情况进行建造合同收入和合同费用的确认。当建造合同的结果能够可靠估计时，企业应采用完工百分比法于资产负债表日确认合同收入和合同费用。

【做中学　学中做】 请归纳总结施工企业工程合同收入和合同费用确认的方法。

【知识链接】 请扫码查看完成任务清单 3-8 的知识锦囊。

任务清单 3-8 的知识锦囊

【能量小贴士】 子曰："过而不改，是谓过矣。"——《论语》

知识测试与能力训练

一、单项选择题

1. 建筑施工企业购入材料的运输费，一般计入（   ）。
   A. 材料的成本   B. 工程的成本   C. 管理费用   D. 营业外支出
2. 用来核算建筑施工企业实际发生的工程施工合同成本、间接费用和合同毛利的账户是（   ）。
   A. 生产成本   B. 工程施工   C. 机械作业   D. 工程结算
3. 以下属于工程成本直接费用的是（   ）。
   A. 办公费   B. 水电费   C. 人工费   D. 差旅费
4. 按现行会计准则，企业发生的各种形式的人工成本，均应计入（   ）。
   A. 制造费用   B. 生产成本   C. 应付职工薪酬   D. 管理费用
5. 建筑施工企业购买施工所要耗用的材料，该材料已到。如果按照计划成本计价核算，根据购买时发生的结算凭证，应当核算使用的账户为（   ）。
   A. 材料采购   B. 原材料   C. 在途物资   D. 材料成本差异

二、多项选择题

1. 建筑施工企业在施工生产过程中，下面哪些情况需要核算到工程施工账户下的"合同成本"明细账户？（   ）
   A. 建筑工人的工资   B. 工地管理人员的工资
   C. 所领用的施工材料   D. 自有挖掘机施工领用的燃料
2. 周转材料的摊销方法包括（   ）。
   A. 一次转销法   B. 定额摊销法   C. 分次摊销法   D. 分期摊销法
3. 下列事项属于工程施工间接费用的是（   ）。
   A. 排污费   B. 项目部员工差旅费
   C. 推土机折旧费   D. 供电车间折旧费
4. 施工生产中耗用的材料品种多、数量大、领用频繁，因此，企业应根据发出材料的有关原始凭证进行整理、汇总，以下几种情况会计处理正确的是（   ）。
   A. 凡领用时能点清数量并能分清领用对象的，应在有关领料凭证（领料单、限额领料单）上注明领料对象，将其成本直接计入该成本核算对象
   B. 领料时既不易点清数量，又难以分清耗用对象的材料，可根据具体情况，由材料员或施工现场保管员，月末通过实地盘点，倒算出本月实耗数量，编制"集中配料耗用计算单"，据以计入各成本计算对象
   C. 施工中的残次材料和包装物品等应尽量收回利用，编制"废料交库单"估价入账，并冲减工程成本
   D. 工程竣工后的剩余材料，应填写"退料单"，据以办理材料退库手续，冲减工程成本

5. 下列选项中属于判断建造合同是否为结果能够可靠估计的建造合同的是(　　)。
   A. 合同总收入能够可靠地计量
   B. 与合同相关的经济利益很可能流出企业
   C. 实际发生的合同成本能够清楚地区分和可靠地计量
   D. 合同完工进度和为完成合同尚需发生的成本能够可靠地确定

三、判断题

1. 建筑施工企业的"机械作业"账户核算施工生产过程中自有工程机械的耗费，租赁的工程机械不能核算进入该账户。（　　）
2. 建筑施工企业工地管理人员的工资，应当核算到"管理费用"账户。（　　）
3. 建筑施工企业所承包的合同完成后，应从"工程施工"贷方转入"工程结算"借方。（　　）
4. 核算各项工程施工合同发生的实际成本中，间接费用可先在"工程施工"下设置"间接费用"明细科目进行核算，月份终了，再按一定分配标准，分配计入有关工程成本。（　　）
5. 建造工程合同收入是施工企业的营业外收入。（　　）

四、业务操作题

A 建筑公司承包一项工程，工期 2 个月，工程合同造价 200 000 元，预计将发生 140 000 元成本。

（1）3月份 A 公司完成了该工程的 1/2，月末 A 公司开出"工程价款结算账单"，向发包单位办理工程价款结算。

（2）3月末，A 公司确认和计量当月的收入和费用。

（3）4月3日，A 公司收到3月份的工程款，存入银行。

（4）4月末，A 公司按期完成该项工程，开出"工程价款结算账单"，向发包单位办理工程价款结算。

（5）该项工程实际发生了 120 000 元成本，计算和确认4月份的收入和费用。

（6）5月初，A 公司收到4月份的工程款项，存入银行。

要求：请根据上述资料，完成相关的账务处理。

知识测试与能力训练解析

项目四

房地产开发企业会计核算

知识目标

- 熟悉房地产开发企业会计标准体系
- 掌握房地产开发企业要素及其确认和计量方法
- 掌握房地产开发企业会计核算模式

技能目标

- 熟悉房地产开发企业的主要经营业务及其核算特点
- 能对房地产开发企业的成本费用进行正确归集和分配
- 能办理房地产开发产品业务

素质目标

- 培养学生根据房地产开发企业具体业务合理核算的素质
- 培养学生对国家宏观调控政策的理解运用能力
- 培养学生区分房屋开发产品与工业产品的能力

 会人会语

管钱者的心态

某房地产开发企业新聘会计上班了,先做出纳工作,每一天就是清点无数的钱。

有一天,老板问她:"你在干什么?"

她马上回答:"我在数钱。"

老板又追问:"你数的是钱吗?"

会计说:"是刚刚收到的钱,当然是钱。"

过几天,老板又问同样的话,会计原话照答。

快到年底了。老板又到财务部视察工作,此时会计想到:我的工作就是天天数钱,老板还会问我同样的问题,我应该怎么说才对?此时会计才意识到:数钱就是我的工作。

果然,老板又问她:"你数的是钱吗?"会计马上回答:"不,不是钱,这是我的工作。"

老板笑了,对会计说:"虽然你手中是钱,但心已经无钱。你想的不是数钱,而想的是工作。你这样想就能把会计工作做好,那我就可以放心地去休假了。"

在经营和管理中,不可避免地会与钱打交道,尤其是做财务工作,诱惑无处不在、无时不有。分水岭,在于把与钱打交道只看成是一种工作,也就防止非分之想了。不然,你总想的是钱,久之就可能一步一步地走进陷阱,不能自拔。

财务人员要时刻铭记:"数钱"是一种工作!

任务一　认知房地产开发企业会计

任务清单 4-1　认知房地产开发企业会计

项目名称	任务清单内容
任务情境	2019 年，某房地产开发企业正式展开经营活动。它在有偿获得土地使用权后，自行建造房屋。 2020 年将建设完毕的房屋进行出售，同时部分房屋用作出租。 2021 年接受政府委托，代为开发一项供热新工程。
任务目标	学习掌握房地产开发企业主要经营业务和经营特点。
任务要求	请你根据任务情境，通过网络搜索，完成以下任务： （1）了解房地产开发企业及房地产开发企业会计。 （2）了解房地产开发企业主要经营业务。 （3）掌握房地产开发企业的会计核算特点。
任务实施	（1）介绍房地产开发企业及房地产开发企业会计。 （2）归纳总结房地产开发企业主要经营业务及其内容。 土地开发与经营

项目名称	任务清单内容
任务实施	房屋开发与经营 城市基础设施和公共配套设施的开发 代建工程的开发 （3）归纳总结房地产开发企业的会计核算特点。
任务总结	通过完成上述任务，你学到了哪些知识或技能？
实施人员	
任务点评	

【点睛】 房地产开发企业会计核算与其他会计核算相比有以下特点：资金筹集渠道的多源性、资金占用形态的多元性、核算周期的长期性、商品销售的特殊性。

【知识链接】 请扫码查看完成任务清单 4-1 的知识锦囊。

任务清单 4-1 的知识锦囊

【做中学　学中做】 请查阅资料列明房地产开发企业需要设置哪些会计账户？其中"开发成本"账户属于哪一类，请分析账户结构及其核算的内容。

【能量小贴士】 习近平主席 2019 年 4 月 30 日在纪念五四运动 100 周年大会上讲到："对新时代中国青年来说，热爱祖国是立身之本，成才之基。当代中国，爱国主义的本质就是坚持爱国和爱党、爱社会主义高度统一。"

任务二　核算房地产开发成本

任务清单 4-2　房地产开发成本的核算

项目名称	任务清单内容
任务情境	某房地产开发企业是增值税一般纳税人，2020 年 8 月开始对甲土地进行商业性开发，并逐渐发生以下经济业务： 8 月 1 日用银行存款支付 500 万元土地出让金。 8 月 3 日，用银行存款支付城南公寓拆迁款 80 万元，土地农作物补偿费 20 万元。 8 月 5 日，为开发"新城小区"，发生基础设施费用 5 900 万元（其中 A 区商品房 3 000 万元，B 区商品房 2 000 万元，出租房 500 万元，周转房 400 万元，幼儿园 150 万元，居委会 50 万元），用银行存款支付。 月初接受当地政府委托建设风景区，8 月 20 日用银行存款支付 6 000 万元建筑费，50 万元绿化费用。 9 月 10 日，企业分配风景区应负担的开发间接费 50 万元。 9 月 30 日，风景区竣工当日结转其实际成本 6 100 万元。
任务目标	学会房地产开发成本的核算方法及账务处理。
任务要求	请你根据任务情境，通过网络搜索，完成以下任务： （1）了解房地产开发企业成本核算对象。 （2）了解房地产开发企业开发成本构成。 （3）掌握房地产开发企业核算开发成本账户设置。 （4）掌握房地产开发企业房地产开发成本的相关账务处理。
任务实施	根据任务情境，完成房地产开发企业相关经济业务的账务处理： （1）8 月 1 日支付土地出让金 （2）8 月 3 日，支付城南公寓拆迁款、土地农作物补偿费 （3）8 月 5 日，发生基础设施费用

项目名称	任务清单内容
任务实施	（4）8月20日支付建筑费、绿化费用 （5）9月10日，分配风景区应负担的开发间接费 （6）9月30日，风景区竣工，结转其实际成本
任务总结	通过完成上述任务，你学到了哪些知识或技能？
实施人员	
任务点评	

【点睛】房地产开发成本相关账务处理如表4-1至表4-4所示。

表4-1　土地开发成本相关账务处理

业务	商品性建设场地	自用建设场地
发生支付业务，归集土地开发成本	借：开发成本——土地开发成本 　　贷：银行存款 等	借：开发成本——房屋开发成本 　　贷：银行存款 等
月终土地开发成本的结转	借：库存商品 　　贷：开发成本——土地开发成本	开发完工投入使用时： 借：开发成本——房屋开发成本 　　贷：开发成本——土地开发成本 开发完工后近期暂不使用 借：库存商品 　　贷：开发成本——土地开发成本

表4-2　房屋开发成本相关账务处理

业务	账务处理
土地征用及拆迁补偿费、前期工程费、基础设施费等成本项目	借：开发成本——房屋开发成本 　　贷：银行存款等
发生建筑安装工程费	借：开发成本——房屋开发成本——某工程（建筑安装工程费） 　　贷：银行存款等
发生基础设施建设费	借：开发成本——房屋开发成本 　　贷：银行存款等
发生开发间接费用	借：开发成本——房屋开发成本 　　贷：开发成本——开发间接费用
按月结账、竣工后及时结转成本的方法	对于已竣工验收的商品房、代建房时 借：库存商品——已完工开发产品——房屋、代建工程 　　贷：开发成本——房屋开发成本 对于开发完工的周转房，竣工验收后直接投入使用时 借：库存商品——已完工开发产品——周转房 　　贷：库存商品——已完工开发产品——房屋开发

表4-3　配套设施费成本相关账务处理

业务	账务处理
配套设施建设过程中应负担的土地费用	借：开发成本——配套设施费 　　贷：开发成本——土地开发成本
开发建设配套设施所发生的建筑安装工程费	借：开发成本——配套设施费 　　贷：银行存款/原材料/材料成本差异/应付账款 等
发生开发间接费用	借：开发成本——配套设施费——开发间接费用 　　贷：开发成本——开发间接费用

续表

业务	账务处理
配套设施费成本的结转	对于能够作为开发产品的配套设施，竣工验收后： 借：库存商品——已完工开发产品——配套设施 　　贷：开发成本——配套设施费 对于按规定应计入商品房等开发项目成本，不能作为开发产品的公共配套设施，竣工验收后 借：开发成本——已完工开发产品——房屋开发 　　贷：开发成本——配套设施费 对于采用预提方式计入有关商品房等开发项目成本的不能作为开发产品的配套设施，竣工验收后 借：应付账款——预提费用 　　贷：开发成本——配套设施费

表4-4 代建工程开发成本相关账务处理

业务	账务处理
支付建筑费	借：开发成本——代建工程开发 　　贷：银行存款等
支付代建工程开发间接费	借：开发成本——代建工程开发 　　贷：开发成本——开发间接费用
代建工程竣工验收完毕	借：库存商品——已完工开发产品——代建工程 　　贷：开发成本——代建工程开发

【知识链接】请扫码查看完成任务清单4-2的知识锦囊。

任务清单4-2的知识锦囊

【做中学　学中做】甲房地产开发公司于2020年5月在小望海开发一块土地，占地面积40 000平方米。开发后准备将其中的30 000平方米对外转让，其余的10 000平方米企业自行开发商品房。假设小望海土地在开发过程中支付土地出让金2 500万元，支付拆迁补偿费550万元，支付勘察设计费21万元，支付土石方费用550万元。由某施工企业承包的地下管道安装工程已竣工，应支付价款150万元。

10月末，小望海土地开发完工，假设"开发成本——土地（小望海）"账户归集的开发总成本为3 771万元，则单位土地开发成本为942.75元/平方米，其中自用的10 000平方米土地尚未投入使用，其余30 000平方米已全部转让，月终结转本块土地的开发成本。

若自用的10 000平方米土地开发完成后立即投入房屋开发工程的建设中，企业采用归类集中结转法结转土地开发成本。(归类集中结转法,就是将应结转的各项土地开发费用,归类合并为"土地征用及拆迁补偿费"和"基础设施费"两个费用项目,然后转入有关房屋开发成本的"土地征用及拆迁补偿费"和"基础设施费"成本项目。)

要求:请根据以上资料,编写相关的会计分录。

【能量小贴士】习近平主席 2018 年 5 月 2 日在北京大学师生座谈会上讲到:"要时时想到国家,处处想到人民,做到利于国者爱之,害于国者恶之。爱国,不能停留在口号上,而是要把自己的理想同祖国的前途、把自己的人生同民族的命运紧密联系在一起,扎根人民,奉献国家。"

任务三　核算房地产开发产品

任务清单 4-3　房地产开发产品的核算

项目名称	任务清单内容
任务情境	新城房地产开发公司是增值税一般纳税人，适用的增值税税率为9%。该公司发生以下经济业务： 9月10日，该公司开发的商铺A顺利完工，开发成本为1 000万元。当日，该公司与甲公司签订了一份租赁协议，约定将其开发的商铺A出租给甲公司，作为投资性房地产核算，采用公允价值模式计量，商铺A的公允价值为1 200万元。 租赁合同约定，该商铺A于完工时开始起租，每月收取租金10万元，增值税0.9万元。 半年后，该商铺A的公允价值升为1 400万元。 一年后租赁期满，新城房地产开发公司收回该商铺A，并以1 600万元的不含税价格出售，增值税144万元，出售款已收讫。
任务目标	学会房地产开发产品的核算方法及账务处理。
任务要求	请你根据任务情境，通过网络搜索，完成以下任务： (1) 了解房地产开发产品。 (2) 了解房地产开发产品分类。 (3) 掌握房地产开发产品的核算方法及其相关账务处理。
任务实施	根据任务情境，完成新城房地产开发公司相关经济业务的账务处理： (1) 将开发完工的商铺转换为投资性房地产 (2) 每月收取租金时 (3) 半年后公允价值变动时

项目名称	任务清单内容
任务实施	（4）一年后收回该商铺并出售，收到款项时 （5）结转商铺成本 （6）结转其他综合收益、公允价值变动损益
任务总结	通过完成上述任务，你学到了哪些知识或技能？
实施人员	
任务点评	

【点睛】房地产企业开发产品相关账务处理如表4-5至表4-13所示。

表4-5 一次性全额收款方式销售商品房

业务	账务处理
核算商品房销售收入	借：银行存款 　　贷：主营业务收入——商品房 　　　　应交税费——应交增值税（销项税额）
结转已售商品房销售成本	借：主营业务成本——商品房 　　贷：开发产品——商品房

表4-6 分期收款方式销售商品房

业务	账务处理
将房屋移交客户	借：发出商品——商品房 　　贷：开发产品——商品房
首付房款确认收入，开具增值税发票	借：银行存款 　　　长期应收款 　　贷：主营业务收入——商品房 　　　　未实现融资收益 　　　　应交税费——应交增值税（销项税额） 同步结转销售成本： 借：主营业务成本——商品房 　　贷：发出商品——商品房
逐年按合同约定的收款日结算房款，确认融资利息时	借：银行存款 　　贷：长期应收款 借：未实现融资收益 　　贷：财务费用

表4-7 通过银行按揭贷款方式销售商品房

业务	账务处理
收到定金	借：银行存款 　　贷：预收账款
签订合同，收到首付款	借：银行存款 　　　预收账款 　　贷：主营业务收入——商品房 　　　　应交税费——应交增值税（销项税额）
按揭贷款到账	借：银行存款 　　　其他应收款——按揭风险抵押金 　　贷：主营业务收入——商品房 　　　　应交税费——应交增值税（销项税额）
结转商品房销售成本	借：主营业务成本 　　贷：开发产品——商品房
签发房产证给银行，收回按揭风险抵押金	借：银行存款 　　贷：其他应收款——按揭风险抵押金

表 4-8　预售方式销售商品房

业务	账务处理
预售收取定金	借：银行存款 　　贷：预收账款
办理房屋产权移交	借：银行存款 　　预收账款 　　贷：主营业务收入——商品房 　　　　应交税费——应交增值税（销项税额）
预结转预售房销售成本	借：主营业务成本——商品房 　　贷：应付账款——预提预售房销售成本
竣工决算后结转实际预售房成本	借：应付账款——预提预售房销售成本 　　贷：开发成本——商品房 　　　　主营业务成本——商品房

表 4-9　出租房的核算

业务	账务处理
将开发完工的商铺转换为投资性房地产	借：投资性房地产——成本 　　贷：开发产品——出租房 　　　　其他综合收益——商铺
定期收取租金	借：银行存款 　　贷：其他业务收入——出租商铺租金 　　　　应交税费——应交增值税（销项税额）
发生公允价值变动	借：投资性房地产——公允价值变动 　　贷：公允价值变动损益
收回该出租房并出售	借：银行存款 　　贷：主营业务收入 　　　　应交税费——应交增值税（销项税额）
同时结转有关成本、其他综合收益、公允价值变动损益	借：主营业务成本 　　贷：投资性房地产——成本 　　　　　　　　　　——公允价值变动 借：其他综合收益——商铺 　　贷：主营业务收入 借：公允价值变动损益 　　贷：主营业务收入

表 4-10　周转房的核算

业务	账务处理
周转房完工，结转开发成本	借：开发产品——某某周转房 　　贷：开发成本——房屋开发

续表

业务	账务处理
周转房用于周转使用时	借：周转房——在用周转房 　　贷：开发产品——某某周转房
定期计提周转房摊销	借：开发间接费用 　　贷：周转房——周转房摊销
将周转房对外销售	借：银行存款 　　贷：主营业务收入 　　　　应交税费——应交增值税（销项税额）
结转周转房销售成本	借：主营业务成本——周转房销售 　　　周转房——周转房摊销 　　贷：周转房——在用周转房

表4-11　土地使用权转让的核算

业务	账务处理
确认土地转让收入	借：银行存款 　　贷：主营业务收入——土地转让 　　　　应交税费——应交增值税（销项税额）
结转土地转让成本	借：主营业务成本——土地转让 　　贷：开发产品——土地

表4-12　配套设施转让的核算

业务	账务处理
确认商店转让收入	借：银行存款 　　贷：主营业务收入——商店转让 　　　　应交税费——应交增值税（销项税额）
结转商店转让成本	借：主营业务成本——商店转让 　　贷：开发产品——商店

表4-13　代建工程移交的核算

业务	账务处理
确认代建工程转让收入	借：银行存款 　　贷：主营业务收入——代建工程 　　　　应交税费——应交增值税（销项税额）
结转代建工程转让成本	借：主营业务成本——代建工程 　　贷：开发产品——代建工程

【知识链接】请扫码查看完成任务清单4-3的知识锦囊。

任务清单4-3的知识锦囊

【做中学 学中做】营口中太房地产开发有限公司为增值税一般纳税人，适用的增值税税率为9%。2020年发生如下业务：

（1）1月10日，通过出让方式从政府部门取得土地使用权，全部用于开发商品房，支付土地价款1110万元，取得财政票据，交纳契税33.3万元。

（2）2月1日，支付设计费106万元，取得专用发票，注明金额100万元、税额6万元。

（3）2月6日，预付建筑费327万元，取得专用发票，注明金额300万元、税额27万元。

（4）2月15日，购买甲材料花费2 260万元，取得专用发票，注明金额2 000万元、税额260万元，款项通过银行支付。

（5）2月28日，增值税处理。

（6）3月13日，预售建筑面积3 000平方米商品房，每平方米0.666万元（含税），开具增值税普通发票。

（7）4月3日，申报纳税期预缴增值税。

（8）10月16日，工程竣工，可供销售建筑面积合计10 000平方米。结算不含税建筑费1 000万元，支付剩余建筑费763万元，取得专用发票，注明金额700万元、税额63万元。

（9）10月26日，将7月预售建筑面积3 000平方米商品房交付购房者。

（10）10月31日，增值税处理。

（11）11月22日，销售剩余建筑面积7 000平方米商品房并交付购房者，每平方米0.666万元（含税），开具增值税普通发票。

（12）11月30日，增值税处理。

（13）12月20日，申报纳税期缴清增值税。

要求：请根据以上经济业务完成相关的账务处理。

做中学 学中做

【能量小贴士】2014年5月3日习近平主席给河北保定学院西部支教毕业生群体代表的回信中写道："同人民一道拼搏、同祖国一道前进，服务人民、奉献祖国，是当代中国青年的正确方向。"

知识测试与能力训练

一、单项选择题

1. 房地产开发企业为将一处商品房出租而对其进行了装修，发生符合资本化条件的装修费应在（　　）账户中核算。
   A. 主营业务成本　　　　　　　　B. 开发成本
   C. 投资性房地产　　　　　　　　D. 开发间接费用
2. 对出租的商品房进行修理，发生的修理费应记入（　　）账户。
   A. 主营业务成本　　　　　　　　B. 开发成本
   C. 开发间接费用　　　　　　　　D. 开发产品
3. 房地产开发企业对周转房进行修理，其修理费应记入（　　）账户。
   A. 开发产品　　　　　　　　　　B. 主营业务成本
   C. 开发间接费用　　　　　　　　D. 销售费用
4. 开发成本中的公共配套设施费包括开发项目内的（　　）设施支出。
   A. 照明　　　　B. 锅炉　　　　C. 环卫　　　　D. 供电
5. 属于房地产开发企业的其他业务收入的是（　　）。
   A. 出租开发产品租金收入　　　　B. 配套设施销售收入
   C. 土地转让收入　　　　　　　　D. 商品房售后服务收入

二、多项选择题

1. 周转房计提摊销额应借记（　　）账户。
   A. 开发成本　　　　　　　　　　B. 主营业务成本
   C. 开发间接费用　　　　　　　　D. 周转房摊销

2. 开发成本中的基础设施费包括开发小区内的（　　）工程支出。
   A. 绿化   B. 排污
   C. 居委会   D. 自行车棚
3. 开发成本中的前期工程费包括（　　）。
   A. 土地征用费   B. 勘察测绘费
   C. 规划设计费   D. 项目可行性研究费
4. 企业代管房发生的收入与支出应在（　　）账户中核算。
   A. 主营业务收入   B. 其他业务收入
   C. 主营业务成本   D. 其他业务成本
5. 开发成本中的土地征用及拆迁补偿费包括（　　）。
   A. 耕地占用税   B. 三通一平费
   C. 劳动力安置费   D. 安置动迁用房支出

三、判断题
1. 房地产开发企业在开发商品房过程中发生的配套设施工程支出都可以计入商品房成本。（　　）
2. 因为出租的土地不会发生损耗，故在出租期间不用摊销其价值。（　　）
3. 土地开发过程中发生的费用，都应在"开发成本——土地开发"账户中核算。（　　）
4. 公共配套设施与商品房非同步建设时，对应负担的配套设施费，可采用预提方法，预先计入商品房成本。（　　）
5. 商品房售后服务收入属于房地产开发企业的其他业务收入。（　　）

四、业务操作题
大连银河房地产开发公司接受市政工程管理部门委托，代为扩建丽园小区旁边的丽园路。扩建过程中，银河房地产开发公司用银行存款支付拆迁补偿费 800 万元，前期工程费 100 万元，应付大连启星建筑有限公司基础设施工程款 400 万元，增值税 36 万元，分配开发间接费用 40 万元。

工程目前已完工并验收合格。
要求：请根据以上资料，完成相应的账务处理。

知识测试与能力训练解析

项目五

运输企业会计核算

知识目标

- 熟悉运输企业会计标准体系
- 掌握运输企业会计要素及其确认和计量方法
- 掌握运输企业会计核算模式

技能目标

- 熟悉运输企业的主要经营业务及其核算特点
- 能对公路运输企业的成本费用进行正确归集和分配
- 能办理其他运输相关业务

素质目标

- 培养学生根据运输企业具体业务合理核算的素质
- 培养学生具备运输企业会计职业判断的能力
- 培养学生具备胜任运输企业会计工作的素质

 会人会语

管理故事：天堂与地狱

一天，一位老板犯了错误，上帝为教育他，请他去参观两个地方。

第一个地方，让他看了十分害怕，毛骨悚然。

只见这里每个人都骨瘦如柴、饥寒交迫、痛苦万分、度日如年。

他定睛一看，这些人都在吃饭，每个人所用的筷子和勺子都很长，是自己胳膊的三倍。因此，他们每个人无论怎样调整高度、调整角度，都无法把饭菜送到自己口中，于是每个人都挨饿受渴，经受痛苦折磨。

上帝画龙点睛地说："这就是地狱，我带你到另一个地方看看。"

第二个地方的人也在吃饭，所用的家伙和"地狱"的一样。

但他们互相喂饭菜，所以人人满面红光，皆大欢喜，身体都十分强健。

上帝说："你看到了，这就是天堂。天堂与地狱唯一的区别是他们的心，他们不是只为自己，而是先想到别人，即我为人人，人人为我。你看他们想吃想喝都由别人充分满足，但他们是从我为人人开始的。"

老板恍然大悟，哈哈大笑道："内耗是地狱，合作是天堂！"

任务一　认知运输企业会计

任务清单 5-1　认知运输企业会计

项目名称	任务清单内容
任务情境	运输企业是指利用运输工具专门从事运输生产或直接为运输企业生产服务的企业。运输企业处于流通过程的中间环节，是现代物流实现的基本手段，在国民经济中起着非常重要的作用。 　　运输企业会计是以交通运输业为会计主体的一种行业会计。它是以货币为主要计量单位，运用专门的方法，对各类运输企业的经济活动进行全面的、连续的、系统的核算和监督，以促进运输企业加强经营管理、提高经济效益的一种管理活动。
任务目标	认知运输企业，掌握运输企业会计特点和核算方法。
任务要求	请你根据任务情境，通过网络搜索，完成以下任务： （1）掌握运输企业会计的特点。 （2）掌握运输企业会计核算对象。 （3）掌握运输企业会计核算方法。
任务实施	（1）运输企业会计的特点 （2）运输企业会计核算对象 （3）运输企业会计核算方法
任务总结	通过完成上述任务，你学到了哪些知识或技能？
实施人员	
任务点评	

【点睛】 交通运输按其运输方式分为公路运输、水上运输、铁路运输、民用航空运输、管道运输五种。本项目主要介绍公路运输企业的会计核算,核算方法类似工业企业会计。

【做中学 学中做】 请对比分析运输企业与制造企业的生产经营特点,填写表 5-1。

表 5-1 运输企业与制造企业的生产经营特点比较

运输企业生产经营特点	制造企业生产经营特点

【知识链接】 请扫码查看完成任务清单 5-1 的知识锦囊。

任务清单 5-1 的知识锦囊

【能量小贴士】 汤之《盘铭》曰:"苟日新,日日新,又日新。"——[春秋至秦汉]《礼记·大学》

任务二　核算公路运输业务

任务清单 5-2　公路运输业务核算

项目名称	任务清单内容
任务情境	蓝天运输公司主营公路运输业务，是增值税一般纳税人。2021 年 3 月发生以下经济业务： 1. A 车队报废货车外胎 10 个，B 车队报废货车外胎 20 个。A 车队报废外胎应补提摊销额 1 000 元，B 车队报废外胎应补提摊销额 2 500 元。每个报废货车外胎处理价 10 元。 此外，公司管理部门用小汽车报废外胎 2 个，每个处理价 5 元，现金已收取。 2. 公司采用实地盘存制对燃料费用进行具体核算。 本月员工对车辆的燃料领用单进行汇总，得到车队的柴油耗用数据：月初车存油数 1 000 升，本月领用数 30 000 升，月末车存油数 1 500 升，柴油价格为 3 元/升。 3. 公司 A 车队解放货车由初始到报废行驶里程定额为 1 800 000 千米，每个大修理间隔里程数目为 360 000 千米，每次大修理计划费用为 30 000 元。本月该货车的已行驶里程为 30 000 千米。 另外，B 车队的一辆货车被送至大修理，该货车超过行驶里程 20 000 千米。 此外，以银行存款支付 B 车队这辆货车的大修理费，金额为 32 000 元。
任务目标	通过完成任务，学会公路运输业务核算的方法。
任务要求	请你根据任务情境，通过网络搜索，完成运输企业相关经济业务的账务处理。
任务实施	业务 1 相关会计处理： （1）计提报废货车外胎的摊提额 （2）处理报废外胎的核算 业务 2 相关会计处理：

项目名称	任务清单内容
任务实施	业务 3 相关会计处理： （1）B 车队车辆大修理费用的预提 预计的大修理次数 = 预计的大修理费用总额 = 大修理费月计提率 = 车辆大修理费月计提额 = （2）B 车队车辆大修理前修理费用的调整 （3）以银行存款支付货车的大修理费
任务总结	通过完成上述任务，你学到了哪些知识或技能？
实施人员	
任务点评	

【点睛】（1）公路运输成本核算的账户设置：

营运成本直接在"主营业务成本"账户中进行核算。在"主营业务成本"账户下，按成本计算对象（如具体车辆、车队等）设置明细账户，并在具体成本核算对象下设置"运输支出""装卸支出""堆存支出"核算项目。

（2）公路运输企业经济业务常用账务处理如表 5-2 所示。

表 5-2　公路运输企业经济业务常用账务处理

业务	账务处理
职工薪酬的核算	借：主营业务成本——运输支出——职工薪酬（工资） 　　辅助营运费用——直接人工（工资） 　　营运间接费用——人工费（工资） 　贷：应付职工薪酬——工资
燃料费用的核算	借：主营业务成本——运输支出——燃料 　贷：原材料/银行存款 等
计提外胎摊提费用	借：主营业务成本——运输支出——轮胎 　贷：应付账款——预提轮胎费用
处理报废外胎	借：库存现金 　贷：主营业务成本——运输支出——轮胎
折旧费用的核算	借：主营业务成本——运输支出——折旧费 　贷：累计折旧
计提保养修理费用	借：主营业务成本——运输支出——保修费 　贷：应付账款——预提保修费
支付保养修理费用	借：应付账款——预提保修费 　贷：银行存款 等
分配营运间接费用	借：主营业务成本——运输支出——站队经费 　贷：营运间接费用
支付营运间接费用	借：营运间接费用 　　应交税费——应交增值税（进项税额） 　贷：银行存款 等
货物运输收入的核算	借：银行存款 等 　贷：主营业务收入——货运收入 　　　应交税费——应交增值税（销项税额）
取得货运代理业务收入时的核算	借：银行存款 　贷：应付账款
核算货运代理收入	借：应付账款 　贷：银行存款 　　　主营业务收入——代理业务收入 　　　应交税费——应交增值税（销项税额）

【做中学　学中做】营口广勋汽车运输有限公司存货按实际成本核算，燃料采用盘存制耗油的管理制度，轮胎采用按行驶公里预提费用法核算。2021年4月发生下列经济业务：

（1）本月验收入库燃料价值60 000元。客车队月初车存油料价值3 000元，本月领用油料价值5 000元，月末车存油料价值1 000元；货车队月初车存油料价值4 000元，本月领用油料价值11 000元，月末车存油料价值5 000元。

（2）该企业3日领用新轮胎，成本为8 000元。

（3）本月报废轮胎残料2 000元，已验收入库；经计算报废轮胎亏驶里程应补提运输费用为1 200元。

（4）期末计算出本月应预提的轮胎费用为11 000元。

要求：请根据上述经济业务完成相关的账务处理。

【知识链接】请扫码查看完成任务清单5–2的知识锦囊。

任务清单5–2的知识锦囊

【能量小贴士】君子之学必日新，日新者日进也。不日新者必日退，未有不进而不退者。——［北宋］程颢、程颐《二程集·河南程氏遗书·卷第二十五》

任务三　核算其他运输相关业务

任务清单 5-3　其他运输业务核算

项目名称	任务清单内容
任务情境	营口新城物流公司是增值税一般纳税人，2021年3月份主要发生以下经济业务： 1. 公司拥有两间普通仓库 A 和 B、一个露天货场 C，本月分配仓储作业人员工资 50 000 元，其中普通仓库 A 员工 15 000 元，普通仓库 B 员工 10 000 元，露天货场 C 员工 25 000 元。 2. 本月对普通仓库 A 的房屋及设备计提固定资产折旧 20 000 元，对露天货场 C 的房屋及设备计提固定资产折旧 30 000 元。 3. 公司下设装卸队承担本公司的装卸作业，本月分配装卸作业人员工资 80 000 元。 4. 公司本月耗用电费不含税价 200 000 元，增值税 26 000 元，其中包装业务应承担 5%，装卸队应承担 10%，仓储部门应承担 35%，配送部门应承担 45%，物流货场管理部门应承担 3%，行政管理部门应承担 2%。 5. 公司装卸队本月为保养、修理装卸机械领用机油价值 2 000 元，材料成本差异率为 -1%。 6. 本月应计提固定资产装卸机械折旧 76 800 元。
任务目标	通过完成任务，学会其他运输业务的核算方法。
任务要求	请你根据任务情境，通过网络搜索，完成其他运输业务的账务处理。
任务实施	业务 1 相关会计处理： 业务 2 相关会计处理： 业务 3 相关会计处理：

项目名称	任务清单内容
任务实施	业务 4 相关会计处理： 业务 5 相关会计处理： 业务 6 相关会计处理：
任务总结	通过完成上述任务，你学到了哪些知识或技能？
实施人员	
任务点评	

【点睛】 其他运输业务包括运输包装、装卸业务等,装卸成本的构成如表 5 – 3 所示,其他运输业务主要账务处理如表 5 – 4 所示。

表 5 – 3　运输企业装卸成本的构成

装卸成本项目			核算内容
装卸直接费用	直接人工		指按规定支付给从事装卸作业人员的工资、津贴、补贴、奖金、福利费等职工薪酬
	直接材料	燃料及动力	指装卸机械在运行和操作过程中所损耗的燃料（如汽油、柴油）、动力（如电力）费用
		轮胎	指装卸机械在领用的外胎、内胎、垫带的费用,以及外胎翻新费和零星修补费
	其他直接费用	保修费	指为装卸机械和工具进行保养、大修、小修所发生的各项费用
		折旧费	指按规定计提的装卸机械折旧费
		其他费用	指不属于以上各项目的与装卸业务直接相关的工具费、劳动保护费、外付装卸费、事故损失等
营运间接费用			指为组织与管理装卸业务而发生的管理费用和业务费用

表 5 – 4　其他企业主要账务处理

业务	账务处理
包装材料费用的核算：购进包装材料	借：原材料 　　应交税费——应交增值税（进项税额） 贷：银行存款
包装材料费用的核算：领用包装材料	借：销售费用——包装费 贷：原材料
包装机械发生折旧费用	借：销售费用——包装费 贷：累计折旧
直接人工的核算：分配装卸作业人员工资	借：主营业务成本——装卸支出——直接人工（工资） 贷：应付职工薪酬——工资
直接材料的核算：发生燃料支出费用	借：主营业务成本——装卸支出——直接材料（燃料及动力） 贷：原材料——柴油
保修费的核算：发生保养费用	借：主营业务成本——装卸支出——其他直接费用（保修费） 贷：原材料 注：有差额计入材料成本差异科目
折旧费的核算：装卸机械发生折旧	借：主营业务成本——装卸支出——其他直接费用（折旧费） 贷：累计折旧
仓储业务成本的核算：发生仓储业务成本	借：主营业务成本——堆存支出 贷：应付职工薪酬/原材料/累计折旧/周转材料/银行存款 等
仓储业务收入的核算：发生仓储业务收入	借：银行存款、应收账款等 贷：主营业务收入——堆存收入 　　应交税费——应交增值税（销项税额）

【做中学　学中做】 营口万汇运输有限公司的营运生产单位设有车站、客车队、货车队等。汽车运输成本按客运、货运成本分类计算。车站、车队等基层营运单位的管理与业务费用合并设账归集和统一分配。燃料采用盘存制管理方法。2021 年 4 月汽车营运车日总计 3 758 日，其中：客车为 1 560 日，货车为 2 198 日。当月完成客车运输周转量为 7 040 千人·千米，货车运输周转量为 976 千吨·千米。2021 年 4 月发生以下经济业务：

（1）6 日，以现金支付公司办公费 900 元，车站和各车队办公费 800 元。

（2）9 日，以银行存款支付水电费 2 000 元，公司负担 1 500 元，车站及车队负担 500 元。

（3）30 日，分配本月工资，客车队司机及助手 52 000 元，保修工人 3 800 元；货车队司机及助手 98 000 元，保修工人 3 600 元；车站及车队管理人员 12 000 元。

（4）30 日，计算出本月耗用的燃料成本为：客车队 100 000 元，货车队 150 000 元，公司内部车队 5 000 元。

（5）30 日，计提本月固定资产折旧费，客车 51 000 元，货车 56 000 元，车站及车队 2 800 元，公司办公室 2 400 元。

（6）30 日，本月发生的营运间接费用按营运车日分配计入各类运输成本。

要求： 请根据上述经济业务完成相关的账务处理。

【知识链接】 请扫码查看完成任务清单 5－3 的知识锦囊。

任务清单 5－3 的知识锦囊

【能量小贴士】 地位清高，日月每从肩上过；门庭开豁，江山常在掌中看。——［南宋］朱熹题白云岩书院对联

知识测试与能力训练

一、单项选择题

1. 下列选项不正确的是（　　）。
   A. 运输企业利用运输工具专门从事运输生产
   B. 运输企业利用运输工具直接为运输企业生产服务
   C. 运输企业主要业务是海上运输业务
   D. 运输劳动并不产生有形产品
2. 关于运输结算正确的是（　　）。
   A. 运输收入通常一次性由运地或目的地核收
   B. 运输收入核算工作量较小
   C. 运输收入核算环节单一
   D. 运输收入不会涉及内部结算工作
3. 低值易耗品较少的运输企业可以将低值易耗品列入（　　）科目核算。
   A. 燃料　　　　B. 库存商品　　　　C. 材料　　　　D. 轮胎
4. 运输企业的核算主要涉及资产类、负债类、所有者权益类、成本类和（　　）。
   A. 收入类　　　B. 费用类　　　　　C. 利润类　　　D. 损益类
5. 运输企业购入燃料等存货发生的费用，一般计入（　　）。
   A. 管理费用　　　　　　　　　　　B. 主营业务成本
   C. 存货的采购成本　　　　　　　　D. 辅助营运费用

二、多选题

1. 运输企业的营运费用按经济内容划分时，主要包括（　　）。
   A. 应付职工薪酬　　　　　　　　　B. 外购轮胎
   C. 外购燃料　　　　　　　　　　　D. 自产轮胎
2. 关于"营运间接费用"账户，说法正确的是（　　）。
   A. 该账户属于成本类账户
   B. 该账户属于费用类账户
   C. 该账户用于核算物流企业基层单位为组织和管理营运过程中所发生的费用
   D. 月末结转后本账户无余额
3. 编制运输企业工资和职工福利费分录，可能涉及（　　）科目。
   A. 主营业务成本　　　　　　　　　B. 辅助营运费用
   C. 营运间接费用　　　　　　　　　D. 应付职工薪酬
4. 计提和支付保养修理费用，分录正确的是（　　）。
   A. 借：主营业务成本——运输支出——保修费
      　　贷：应付账款——预提保修费
   B. 借：营运间接费用——运输支出——保修费
      　　贷：应付账款——营运间接费用
   C. 借：应付账款——预提保修费
      　　贷：银行存款等

D. 借：应付账款——营运间接费用
　　贷：银行存款等

5. 关于运输企业包装费用说法正确的是（　　）。

A. 包装费用可能发生在不同的物流环节
B. 物流企业发生的包装费用应通过"销售费用"账户核算
C. 物流企业的包装材料以自产为主
D. 在发出包装材料的计算上一般采用全月一次加权平均法或分批实际进价法

三、判断题

1. 在运输业务的资金周转中，不需要进行产成品存货的账务处理，因为没有产成品资金的周转环节。（　　）
2. 交通运输企业的营业成本通过损益类账户进行归集，这些成本在运输企业的"主营业务成本"和"生产成本"科目中核算。（　　）
3. 交通运输业的劳动对象，不是对原材料加工制造，而是它所运输的商品，并且商品在经历运输后会发生物质形态的变化。（　　）
4. 物流企业的公路运输成本项目分为车辆费用和站队经费两类。（　　）
5. 日常保养修理费用的归集一般可先根据计划支出计提，再按实际支出记入各成本计算对象的成本。（　　）

四、业务操作题

盛达物流公司运输车辆采用工作量法计提折旧，其余各类固定资产采用平均年限法计提折旧，本月"固定资产折旧计算表"如表5-5所示。

表5-5　盛达物流公司本月固定资产折旧计算表　　　　单位：元

借方科目	部门	本月计提折旧				合计
		货车	非营运车	机械设备	房屋构筑物	
运输支出	一车队	16 000				18 000
	二车队	24 000				24 000
	小计	40 000				40 000
辅助营运费用	保养场			6 000	12 000	18 000
营运间接费用	车产管理部门		2 000		2 000	4 000
管理费用	公司管理部门		3 000		8 000	11 000
合计		40 000	5 000	6 000	22 000	73 000

要求：请根据以上资料完成相应的账务处理。

知识测试与能力训练解析

项目六

农业企业会计核算

知识目标

- 熟悉农业企业会计标准体系
- 掌握农业企业会计要素及其确认和计量方法
- 掌握农业企业会计核算模式

技能目标

- 能办理农业企业存货核算业务
- 能办理农业企业生产成本核算业务
- 能办理农业企业损益核算业务

素质目标

- 培养学生根据农业企业资产合理核算的素质
- 培养学生坚持准则、有法必依的素质
- 培养学生诚实守信、操守为重的素质

 会人会语

审美视角下的会计

朱光潜先生曾说:"有审美的眼睛才能见到美。"

从美学的视角看,会计美不美,关键在于我们有无那双审美的眼睛。

同样的会计业务和会计事项,不同的会计审美主体站在不同的角度所产生的审美意识和美感经验是不同的,所形成的活动结果也是有差异的。

如果从"实用"的角度分析判断会计,会计无非是向信息使用者提供会计信息的一种活动——会计是一个信息系统;如果从"科学"的角度分析判断会计,会计则是一种对经济活动进行确认、计量、记录和报告的管理行为——会计是一种管理活动;如果从"美感"的角度分析判断会计,会计则是用标准化的商业语言解释五彩缤纷的经济世界的一种艺术活动会计是一门艺术。

会计用标准化的商业语言解释五彩缤纷的经济世界,透过会计工作者艺术般的劳动创造和会计信息使用者有目的的鉴赏判断,使人们在复杂的会计事务和繁杂的经济数据中领略会计的真实美、平衡美、对称美、秩序美、结构美、简约美、统一美、和谐美。

——资料选自:赵丽生《中国会计文化》

任务一　认知农业企业会计

任务清单 6-1　认知农业企业会计

项目名称	任务清单内容
任务情境	农业企业会计核算的对象是指农业企业生产过程中能用货币表现的经济活动。 农业企业除了有着和一般企业大体相同的经济活动外，还有其自己的特殊业务活动，即农业活动。 农业活动是指农业企业对将生物资产转化为农产品或其他生物资产的生物转化的管理。 生物资产是指与农业生产相关的有生命的动物和植物。 农业活动是一项管理活动，是对某一活动或过程的管理。
任务目标	认知农业企业，掌握农业活动的特点、农业企业会计核算的框架及会计科目的设置。
任务要求	请你根据任务情境，通过网络搜索，完成以下任务： （1）归纳农业活动的特点。 （2）阐述农业企业会计核算的框架。 （3）掌握农业企业会计科目的设置情况。
任务实施	（1）农业活动的特点 （2）农业企业会计核算的框架 （3）农业企业会计科目的设置
任务总结	通过完成上述任务，你学到了哪些知识或技能？
实施人员	
任务点评	

【点睛】农业企业会计核算的框架可以分为三部分，即一般农业企业共同业务核算、一般农业企业特殊业务核算及农业企业特殊实体会计核算。特殊业务包括生物资产会计科目的设置、分类、计量、收获与处置等。特殊实体会计核算包括家庭农场、农业合作社及村集体经济组织的核算。

【做中学　学中做】请通过网络搜索《农业企业会计核算办法——生物资产和农产品》，归纳总结"生产性生物资产""生物性在建工程""消耗性林木资产""农业生产成本""幼畜及育肥畜"等科目核算的具体内容。

做中学　学中做	

【知识链接】请扫码查看完成任务清单6-1的知识锦囊。

任务清单6-1的知识锦囊

【能量小贴士】少而好学，如日出之阳；壮而好学，如日中之光；老而好学，如炳烛之明。——［西汉］刘向《说苑·建本》

任务二 核算农业企业存货

任务清单 6-2 农业企业存货业务核算

项目名称	任务清单内容
任务情境	盛达养殖公司从市场上一次性购买了 50 头种猪和 500 头仔猪，价格分别为 3 000 元/头和 500 元/头，此外发生运杂费 10 000 元、保险费 800 元，款项全部以银行存款支付，按购进种猪和仔猪支付的价款分摊采购费用。
任务目标	学会核算农业企业存货。
任务要求	请你根据任务情境，通过网络搜索，学习并完成相关的会计处理。
任务实施	（1）计算分摊采购费用： 分摊系数 = 种猪应分摊的采购费用 = 仔猪应分摊的采购费用 = （2）编制购进生物资产的会计分录：
任务总结	通过完成上述任务，你学到了哪些知识或技能？
实施人员	
任务点评	

【点睛】农业企业取得存货业务主要账务处理如表 6-1 所示。

表 6-1 农业企业取得存货业务主要账务处理

业务	账务处理
企业外购生物资产	借：消耗性生物资产/生产性生物资产/公益性生物资产 等 贷：银行存款/应付账款/应付票据 等
自行营造消耗性生物资产	借：消耗性生物资产 贷：应付职工薪酬/原材料/银行存款 等
自行营造生产性生物资产	借：生产性生物资产——未成熟生产性生物资产 贷：原材料/应付职工薪酬/银行存款 等
自行营造生产性生物资产达到预定生产经营目的	借：生产性生物资产——成熟生产性生物资产 贷：生产性生物资产——未成熟生产性生物资产
因天然起源取得消耗性生物资产	借：消耗性生物资产——工业用材林 贷：营业外收入
投资者投入生物资产	借：生产性生物资产 贷：实收资本或股本 注：吸收投资产生的资本溢价计入资本公积——资本溢价
消耗性生物资产转为生产性生物资产或公益性生物资产	借：生产性生物资产/公益性生物资产 贷：消耗性生物资产
生产性生物资产转为消耗性生物资产或公益性生物资产	借：消耗性生物资产/公益性生物资产 贷：生产性生物资产

【做中学 学中做】20×1 年 3 月兴旺农业公司发生以下经济业务：

5 日，购入小麦种子 1 000 千克，价款 9 000 元，相关运输费和装卸费等采购成本的费用为 800 元，取得增值税普通发票，上述款项已通过银行存款支付。

6 日，购买化肥磷酸二铵，发生购买化肥价款和其他可归属于肥料采购成本的费用为 8 200 元，发生购买杀虫剂价款和其他可归属于农药采购成本的费用为 800 元，上述款项以银行存款支付。

要求：请根据以上资料，完成相关账务处理。

【知识链接】请扫码查看完成任务清单 6-2 的知识锦囊。

任务清单 6-2 的知识锦囊

【能量小贴士】 咬定青山不放松，立根原在破岩中。千磨万击还坚劲，任尔东西南北风。——［清］郑燮《竹石》

任务三　核算农业企业生产成本

任务清单6-3　农业企业生产成本核算

项目名称	任务清单内容
任务情境	美达果树公司是一家小型微利企业。 2021年5月，对自有的一片已挂果苹果林进行林间除虫管护，发生应付管护人员工资费用30 000元；领用库存农药物资，成本8 000元。 本月应对本公司已挂果的苹果树计提折旧10 000元。
任务目标	学会核算农业企业生产成本。
任务要求	请你根据任务情境，通过网络搜索，学习并完成相关的会计处理。
任务实施	（1）发生应付管护人员工资费用 （2）领用库存农药物资 （3）计提折旧
任务总结	通过完成上述任务，你学到了哪些知识或技能？
实施人员	
任务点评	

【点睛】农业企业生产成本业务主要账务处理如表 6-2 所示。

表 6-2　农业企业生产成本业务主要账务处理

业务	账务处理
消耗性生物资产共同负担成本时	借：农业生产成本——共同费用 　　贷：应付职工薪酬/原材料/累计折旧 等
期末，按一定的分配标准对所发生的共同负担的费用进行分配	借：消耗性生物资产/生产性生物资产/公益性生物资产 等 　　贷：农业生产成本——共同费用
核算持有生产性生物资产的成本	借：农业生产成本 　　贷：应付职工薪酬/原材料 等
核算生产性生物资产的成本	借：农业生产成本/管理费用等 　　贷：生产性生物资产累计折旧
核算公益性生物资产的成本	由于公益性生物资产主要是为保护环境等公益性目的而持有的，与消耗性生物资产和生产性生物资产有着本质不同，具有非经营性的特点，故《企业会计准则第 5 号——生物资产》规定，公益性生物资产不计提减值准备，也不计提折旧。

【做中学　学中做】某林木公司自 2015 年 3 月开始自行营造 98 公顷橡胶树，当年发生种苗费 200 000 元，平整土地和定植所需的机械作业费 60 000 元，定植当年抚育发生肥料及农药费 260 000 元，人员工资费 400 000 元。

该橡胶树达到正常生产期需要 6 年，假设从定植后至 2021 年每年发生管护费用 408 000 元，以银行存款支付。

2021 年 3 月，橡胶树进入正常生产期。

要求：请根据以上资料，完成相关账务处理。

【知识链接】请扫码查看完成任务清单 6-3 的知识锦囊。

任务清单 6-3 的知识锦囊

【能量小贴士】富贵不能淫，贫贱不能移，威武不能屈。——［战国］孟子《孟子·滕文公下》

任务四　核算农业企业损益

任务清单6-4　核算农业企业损益业务

项目名称	任务清单内容
任务情境	2021年4月末，盛达养殖公司养殖的肉牛共计50头，账面余额为75 000元。 5月初，花费50 000元新购入一批幼肉牛进行养殖，共计50头。 养殖半年后，共发生饲养费用415 000元（其中领用饲料105 000元，专职饲养员薪酬310 000元）。 11月初，屠宰出售肉牛50头，取得收入500 000元，支付屠宰费用2 500元，款项均通过银行存款结算。 盛达养殖公司采用移动加权平均法结转成本。
任务目标	学会核算农业企业损益业务。
任务要求	请你根据任务情境，通过网络搜索，学习并完成相关的会计处理。
任务实施	（1）5月初购进肉牛的核算： （2）肉牛的饲养费用核算： （3）出售肉牛的收入核算： （4）结转出售肉牛生产成本： 肉牛总成本 = 肉牛加权平均单位成本 = 出售肉牛的成本 =

项目名称	任务清单内容
任务实施	账务处理 （5）肉牛屠宰费用的核算： （6）结转屠宰出售肉牛的销售成本：
任务总结	通过完成上述任务，你学到了哪些知识或技能？
实施人员	
任务点评	

【点睛】收获生物资产是指生物资产经过生长过程成熟后，企业进行采摘或收割形成农产品的经营活动，包括：①消耗性生物资产生产过程结束后形成农产品；②从成熟生产性生物资产上分离出农产品。处置生物资产是指出售、报废、毁损、盘亏、转换生物资产的经营活动。

农业企业损益业务主要账务处理如表6-3至表6-6所示。

表6-3 生物资产收获农产品的账务处理

账务处理	业务
发生应由农产品、消耗性生物资产、生产性生物资产和公益性生物资产共同负担的费用	借：农业生产成本——共同费用 　贷：库存现金/银行存款/原材料/应付职工薪酬 等
期（月）末，可按一定的分配标准对上述共同负担的费用进行分配	借：农业生产成本——农产品/消耗性生物资产/生产性生物资产/公益性生物资产 等 　贷：农业生产成本——共同费用

表6-4 消耗性生物资产的账务处理

业务	账务处理
结转生产成本	借：农产品 　贷：消耗性生物资产
结转销售成本	借：主营业务成本 　贷：农产品
发现消耗性生物资产盘亏或死亡、毁损时	借：待处理财产损溢——待处理流动资产损溢 　贷：消耗性生物资产
消耗性生物资产盘亏或死亡、毁损，查明原因后	借：其他应收款/管理费用/营业外支出 　贷：待处理财产损溢——待处理流动资产损溢

表6-5 生产性生物资产的账务处理

业务		账务处理
收获生产性生物资产的核算	农产品收获过程中发生的直接材料、直接人工等直接费用	借：农业生产成本——农产品 　贷：库存现金/银行存款/原材料/应付职工薪酬/生产性生物资产累计折旧 等
	农产品收获过程中发生的间接费用	（1）发生时 借：农业生产成本——共同费用 　贷：库存现金/银行存款/原材料/应付职工薪酬/生产性生物资产累计折旧 等 （2）会计期末时 借：农业生产成本——农产品 　贷：农业生产成本——共同费用

续表

业务		账务处理
生产性生物资产收获农产品成本的结转	生产性生物资产收获的农产品验收入库	借：农产品 贷：农业生产成本——农产品
	农产品出售	借：银行存款 等 贷：主营业务收入
	销售成本结转	借：主营业务成本 贷：农产品
出售未成熟的生产性生物资产	将未成熟的生产性生物资产作价转让	借：银行存款 等 贷：其他业务收入
	未成熟的生产性生物资产销售成本结转	借：其他业务成本 贷：生产性生物资产——未成熟生产性生物资产/生产性生物资产减值准备 等
出售成熟的生产性生物资产	出售成熟的生产性生物资产	借：银行存款 　　生产性生物资产累计折旧（按已计提的累计折旧） 　　生产性生物资产减值准备（按已计提的减值准备） 贷：生产性生物资产——成熟生产性生物资产（按账面余额） 注：按借贷方差额确认处置损益，收益贷记"营业外收入"账户，损失借记"营业外支出"账户
生产性生物资产盘亏或死亡、毁损	发现生物资产盘亏或死亡、毁损时	借：待处理财产损溢——待处理非流动资产损溢/生产性生物资产累计折旧/生产性生物资产减值准备 等 贷：生产性生物资产——成熟生产性生物资产
	生物资产盘亏或死亡、毁损，查明原因	借：其他应收款、管理费用、营业外支出 贷：待处理财产损溢——待处理非流动资产损溢

表 6-6　公益性生物资产的账务处理

业务	账务处理
公益性生物资产转为消耗性生物资产或生产性生物资产时	借：消耗性生物资产或生产性生物资产 贷：公益性生物资产

【做中学　学中做】 佳美农业公司主要种植小麦作物。2020 年发生以下经济业务：

8月28日，购入小麦种子10 000 千克，价款98 000 元，相关运输费和装卸费等采购成本的费用为8 800 元，取得增值税普通发票，上述款项已通过银行存款支付。

9月8日，购买化肥磷酸二铵，发生购买化肥价款和其他可归属于肥料采购成本的费用为81 000 元，发生购买杀虫剂价款和其他可归属于农药采购成本的费用为8 200 元，上述款项以银行存款支付。

9月10日，为种植小麦平整土地100亩，共发生机械作业费用为6 600 元，以现金支付。

9月28日，用自有播种机播种冬小麦100 亩，应承担累计折旧费为2 600 元。

9月30日，因种植冬小麦共领用种子4 000 千克，成本39 200 元，地膜价值4 600

元,拌种农药 26 000 元。

9 月 30 日,根据工资分配表,应付种植小麦播种人员的工资为 2 800 元。

10 月 15 日,以银行存款支付小麦浇灌水电费 1 500 元。

2020 年年末,将发生的冬小麦生产成本转入"消耗性生物资产——小麦"科目。

要求:请根据以上资料,完成相关账务处理。

【知识链接】 请扫码查看完成任务清单 6-4 的知识锦囊。

任务清单 6-4 的知识锦囊

【能量小贴士】 《象》曰:天行健,君子以自强不息。——[殷周至秦汉]《周易·乾卦》

知识测试与能力训练

一、单项选择题

1. 下列（　　）属于农业企业会计核算的特点。

A. 核算方法单一

B. 核算内容简单

C. 成本计算期受自然规律制约,成本核算具有阶段性

D. 与工业企业核算体系完全一致

2. 下列（　　）不属于禽畜可以提供的产品。

A. 牛奶　　　　B. 鸭蛋　　　　C. 饲料　　　　D. 猪肉

3. 农业企业收获的农产品验收入库时,应计入（　　）科目的借方。

A. 农产品　　　B. 农业生产成本　　C. 库存商品　　　D. 原材料

4. 处理种子的费用,应计入（　　）科目的借方。

A. 农业生产成本　　B. 主营业务成本　　C. 其他业务成本　　D. 管理费用

5. 出售农产品结转成本时，应计入（　　）科目。

A. 农业生产成本的借方　　　　　　B. 农业生产成本的贷方

C. 主营业务成本的借方　　　　　　D. 主营业务成本的贷方

二、多选题

1. 农业企业的经济活动包括（　　）。

A. 种植业　　　　B. 林业　　　　C. 渔业　　　　D. 畜牧业

2. 林业生产一般包括（　　）。

A. 林产品　　　　B. 经济林木　　　C. 饲料　　　　D. 羊毛

3. 下列属于禽畜提供的产品的是（　　）。

A. 禽畜动物自身的繁育　　　　　　B. 禽畜动物自身的增重

C. 禽畜动物自身的活重　　　　　　D. 禽畜动物产出的毛

4. 下列（　　）属于农业企业的经营活动。

A. 种植果树　　　B. 生产汽车　　　C. 养殖肉牛　　　D. 种植蔬菜

5. 下列（　　）是种植业生产的特点。

A. 以土地为基本生产资料进行种植

B. 利用农作物的生物机能将太阳能转化为化学潜能和农产品

C. 生产周期较短，一般需要几天

D. 生产周期较长，一般需要几个月

三、判断题

1. 农业企业的主要经营活动是饲料加工。（　　）

2. 种植业是大农业的重要基础，不仅是人类赖以生存的食物与生活资料的主要来源，还为轻纺工业、食品工业提供原料，为畜牧业和渔业提供饲料。（　　）

3. 畜牧养殖业是指用放牧、圈养或者二者结合的方式，饲养畜禽以取得动物产品或役畜的生产部门，养殖对象主要包括牛、马、驴、骡、茶树等。（　　）

4. 通过自行营造取得的消耗性生物资产的成本为其自行繁殖或营造（即培育）过程中发生的必要支出，只包括直接材料和直接人工。（　　）

5. 农业企业发出农产品的成本确定方法一经确定，不得随意变更。（　　）

四、业务操作题

某农业企业单独设运输部门，2020年12月运输部门共发生管理费用9 000元，经过分配，运输奶牛承担5 000元，运输肉鸡承担3 600元，管理部门承担400元。

2020年年末计提的奶牛折旧费为4 000元，计提的肉鸡折旧费为800元。

要求： 请根据上述资料完成相关业务的账务处理。

知识测试与能力训练解析

项目七

村集体经济组织会计核算

知识目标

- 了解村集体经济组织会计制度
- 掌握村集体经济组织会计核算方法

能力目标

- 能够正确核算村集体经济组织的经济业务
- 能够为村集体经济组织提供决策需要的会计信息

素质目标

- 培养学生正确认知村集体经济组织
- 培养学生树立服务三农、振兴乡村的意识
- 培养学生积极学习农业农村政策法规,提升综合管理能力

 会人会语

诚信为本　操守为重

犹太人作为全世界公认的"世界第一商人",几千年来历尽艰辛和屠戮,掌握了丰富而系统的赚钱经验和智慧。

赚钱不仅是一种谋生手段,更成为人们的一种社会和心理的概念,承担着人们的希望与恐惧、理想与价值观,成为一个人的自我观感、自我尊重,以及对才智评价的中枢。

所以,正确把握金钱的密码和价值,懂得赚钱的哲学,对于每个人都至关重要。

犹太人在经商中最注重"契约"。在全世界商界中,犹太商人的重信守约是有口皆碑的。犹太人一经签订契约,不论发生任何问题,决不毁约。

他们认为"契约"是上帝的约定,犹太人由于普遍重信守约,相互之间做生意时经常连合同也不需要。口头的允诺也有足够的约束力,因为"神听得见"。犹太人信守合约几乎可以达到令人吃惊的地步。

在做生意时,犹太人从来都是丝毫不让、分厘必赚,但若是在契约面前,他们纵使吃大亏,也要绝对遵守。

犹太人从来都不毁约,但他们却常常在不改变契约的前提下,巧妙地变通契约,为自己所用。因为在商场上,在犹太人看来关键问题不在于道德不道德,而在于合法不合法。

在营销活动中,同样需要诚信营销,遵守游戏规则,与营销利益相关者建立互信的合作伙伴关系,用真诚去打动顾客,以诚信为根本。

会计人员更要以诚信为根本,做到"诚信为本、操守为重、坚持准则、不做假账"。

任务一　认知村集体经济组织会计

任务清单 7-1　认知村集体经济组织会计

项目名称	任务清单内容
任务情境	《中华人民共和国宪法》第八条规定："农村集体经济组织实行家庭承包经营为基础、统分结合的双层经营体制。农村中的生产、供销、信用、消费等各种形式的合作经济，是社会主义劳动群众集体所有制经济"。 农村集体经济是指主要生产资料归农村社区成员共同所有，实行共同劳动，共同享有劳动果实的经济组织形式。党的十一届三中全会以来，我国农村集体经济改变了过去"三级所有、队为基础"的基本经济体制，村级集体经济成为农村基本的经济组成部分。并且，伴随着家庭联产承包责任制的推行，村级集体经济改变了过去"集体所有、统一经营"体制一统天下的格局，在家庭分散经营与集体统一经营相结合的双层经营体制基础上，衍生出多种实现形式。尤其是在家庭联产承包责任制基础上，一些农民顺应市场经济的发展，在农村社区或突破社区界限，自发成立了农民专业合作社以及股份制、股份合作制等多种形式的经济组织，提高了组织化程度和收入水平。
任务目标	认知村集体经济组织会计。
任务要求	请你根据任务情境，通过网络搜索，完成以下任务： （1）了解村集体经济组织会计核算依据。 （2）掌握村集体经济组织会计制度。
任务思考	比较村集体经济组织会计核算与工业企业会计核算的主要不同之处。
任务实施	（1）简述村集体经济组织会计核算依据

项目名称	任务清单内容
任务实施	（2）归纳比较村集体经济组织与工业企业会计科目设置的不同之处 （3）归纳比较村集体经济组织与工业企业会计报表的不同之处
任务总结	通过完成上述任务，你学到了哪些知识或技能？
实施人员	
任务点评	

【点睛】村集体经济组织进行会计核算，需要依据表7-1所示的会计科目表选取设置所需要的科目。

表7-1 会计科目表

顺序号	科目编号	科目名称
		一、资产类
1	101	现金
2	102	银行存款
3	111	短期投资
4	112	应收款
5	113	内部往来
6	121	库存物资
7	131	牲畜（禽）资产
8	132	林木资产
9	141	长期投资
10	151	固定资产
11	152	累计折旧
12	153	固定资产清理
13	154	在建工程
		二、负债类
14	201	短期借款
15	202	应付款
16	211	应付工资
17	212	应付福利费
18	221	长期借款及应付款
19	231	一事一议资金
		三、所有者权益类
20	301	资本
21	311	公积公益金
22	321	本年收益
23	322	收益分配
		四、成本类
24	401	生产（劳务）成本
		五、损益类
25	501	经营收入
26	502	经营支出
27	511	发包及上交收入
28	521	农业税附加返还收入
29	522	补助收入
30	531	其他收入
31	541	管理费用
32	551	其他支出
33	561	投资收益

附注：村集体经济组织有无形资产的，可增设"无形资产"科目（科目编号161）；有向所属单位拨付资金业务的，可增设"拨付所属单位资金"科目（科目编号171）；有接受国家拨入的具有专门用途的拨款的，可增设"专项应付款"科目（科目编号241）。

【做中学　学中做】请参考《村集体经济组织会计制度》，归纳总结表 7-1 各科目核算的主要内容。

做中学　学中做

【知识链接】请扫码查看完成任务清单 7-1 的知识锦囊。

任务清单 7-1 的知识锦囊

【能量小贴士】2013 年 5 月 2 日，习近平总书记给北京大学考古文博学院 2009 级本科团支部全体同学回信中写道："中国梦是国家的梦、民族的梦，也是包括广大青年在内的每个中国人的梦。'得其大者可以兼其小。'只有把人生理想融入国家和民族的事业中，才能最终成就一番事业。"

任务二　核算村集体经济组织业务

任务清单 7-2　应收款项类业务核算

项目名称	任务清单内容
任务情境	姚家村集体经济组织 20××年 3 月发生以下经济业务： 1. 销售 30 000 千克苹果给某超级市场，价格 90 000 元，款项尚未收到。 2. 4 日后，收到购货方交付的银行转账支票一张，用于偿付前欠款。 3. 村委会调查发现，非本村债务人甲某因破产已无力归还拖欠 3 年的 5 800 元购货款，经批准转作坏账处理。 4. 村会计于某到县城参加短期培训，预借差旅费 4 000 元，以现金支付。 5. 于某出差回来报销差旅费，同时返还多余的现金 100 元。 6. 预收范某承包果园押金 12 000 元，年底结算出村民范某承包果园应交承包金 32 000 元。 7. 为提高农业收入，解决干旱问题，将旱田改为水浇地，需打井 20 口，决定采用一事一议方式在全村筹集 100 000 元。 8. 经动员，共收到用于打井的一事一议资金 90 000 元，存入银行指定账户。
任务目标	学会村集体经济组织应收款项类业务核算。
任务要求	请你根据任务情境，通过网络搜索，学习村集体经济组织应收款项类业务核算方法，并完成上述经济业务的账务处理。
任务思考	村集体经济组织应收款项包括哪些内容？ 核算这些内容需要设置哪些会计科目？
任务实施	业务 1 会计处理：

项目名称	任务清单内容
任务实施	业务 2 会计处理： 业务 3 会计处理： 业务 4 会计处理： 业务 5 会计处理： 业务 6 会计处理： 业务 7 会计处理： 业务 8 会计处理：
任务总结	通过完成上述任务，你学到了哪些知识或技能？
实施人员	
任务点评	

【点睛】村集体经济组织应收款项是指村集体经济组织在日常生产经营活动中发生的各种应收但尚未收到的款项。从其生产的来源看，可以区分为与外部单位、个人发生的应收预付款项，以及与其内部下属承包单位、农户之间的应收款项两种。本村与外单位之间的应收款项直接使用"应收款项"科目，本村与内部村民、组员、下属单位等的应收应付经济往来业务，则使用"内部往来"科目。

"内部往来"期末借方余额合计数反映下属单位、农户欠村集体经济组织的款项总额；期末贷方余额合计数反映村集体经济组织拖欠下属单位、农户的款项总额。

【做中学　学中做】请归纳总结村集体经济组织应收款项类主要账务处理。

做中学　学中做

【知识链接】请扫码查看完成任务清单7-2的知识锦囊。

任务清单7-2的知识锦囊

任务清单7-3　库存物资类业务核算

项目名称	任务清单内容
任务情境	姚家村集体经济组织20××年发生以下经济业务： 1. 村集体经济组织赊购村民赵某玉米种子300千克，单价10元/千克。 2. 村集体经济组织领用玉米种子300千克，计3 000元；化肥4吨，每吨1 600元，用于农田生产及施肥，发生村民栾某临时工资劳务费用3 000元。 3. 村集体经济组织直接经营收获玉米20 000千克，成本为12 400元，已验收入库。 4. 村集体经济组织出售当年入库的玉米20 000千克，每千克0.95元，现金收讫。
任务目标	学会村集体经济组织库存物资类业务核算。
任务要求	请你根据任务情境，通过网络搜索，学习村集体经济组织库存物资类业务核算方法，并完成上述经济业务的账务处理。
任务思考	村集体经济组织库存物资包括哪些内容？ 核算这些内容需要设置哪些会计科目？
任务实施	业务1会计处理： 业务2会计处理：

项目名称	任务清单内容
任务实施	业务 3 会计处理： 业务 4 会计处理：
任务总结	通过完成上述任务，你学到了哪些知识或技能？
实施人员	
任务点评	

【点睛】为全面反映和监督村集体经济组织存货的入库、出库和结存情况，村集体经济组织应设置"库存物资"账户进行存货的核算。该账户属于资产类账户，借方登记因外购、自制、委托加工完成、盘盈等原因而增加的物资的实际成本，贷方登记发出、领用、对外销售、盘亏、毁损等原因而减少的物资的实际成本，余额在借方，反映期末库存物资的实际成本。村集体经济组织生产入库的农产品和工业产成品，按生产该产品所发生的物资成本、人工费用等各项支出计价，生产入库的农产品不再按国家订购价格或该项农产品大宗上市时的市场平均价计价。

【做中学　学中做】请归纳总结村集体经济组织库存物资类主要账务处理。

做中学　学中做

【知识链接】请扫码查看完成任务清单7-3的知识锦囊。

任务清单7-3的知识锦囊

任务清单7-4　农户资产类（牲畜、禽）业务核算

项目名称	任务清单内容
任务情境	姚家村集体经济组织20××年发生以下经济业务： 1. 接受M公司投资的成年奶牛100头，双方作价600 000元，预计可以产奶5年；接受某农场捐赠的成年绵羊500头，市场公允价值480 000元，预计可产羊毛5年；用银行存款购买种猪幼崽200只，共支付100 000元。 2. 第一年为饲养绵羊投入饲料价值15 000元，固定饲养人工费12 000元，同时根据5%的预计净残值率为绵羊计提年折旧。 3. 使用4年后，姚家村将该批绵羊以150 000元出售给某肉食品加工厂，款项收到存入银行。 4. 本年度为哺育该种猪幼崽耗费库存饲料价值45 000元，固定饲养人工费15 000元。 5. 购入的第2年年初，该批种猪幼崽已经成年，预计可以使用4年，转为成年产役畜处理，并从本年年末开始计提该批成年猪折旧。 6. 第3年，作为维持性支出，姚家村为该批种猪共投入饲料费用、人工费用、资金等合计60 000元。 7. 第4年末，将该批种猪当中的20头以30 000元出售给肉食品加工厂，款项收到存入银行。
任务目标	学会村集体经济组织牲畜（禽）资产的会计核算。
任务要求	请你根据任务情境，通过网络搜索，学习村集体经济组织牲畜（禽）资产会计核算方法，并完成上述经济业务的账务处理。
任务思考	工业企业资产如何核算？ 村集体经济组织牲畜（禽）资产会计核算与工业企业有哪些差别？
任务实施	业务1会计处理： 业务2会计处理：

项目名称	任务清单内容
任务实施	业务 3 会计处理： 业务 4 会计处理： 业务 5 会计处理： 业务 6 会计处理： 业务 7 会计处理：
任务总结	通过完成上述任务，你学到了哪些知识或技能？
实施人员	
任务点评	

【点睛】牲畜（禽）资产的会计处理如下：

村集体经济组织应该设置"牲畜（禽）资产"科目用以核算购入或培育牲畜（禽）的成本，下设"幼畜及育肥畜"和"产役畜"两个二级科目。其借方登记因购买、接受投资、接受捐赠等原因而增加的牲畜（禽）资产成本以及幼畜和育肥畜的饲养费用；贷方登记因出售、对外投资、死亡毁损等原因而减少的牲畜（禽）资产成本以及役畜的成本摊销。

(1) 村集体经济组织购入幼畜及育肥畜时
借：牲畜（禽）资产——幼畜及育肥畜（购买价及相关税费）
　　贷：现金/银行存款 等
(2) 发生饲养费用时
借：牲畜（禽）资产——幼畜及育肥畜
　　贷：应付工资/库存物资/现金 等
(3) 幼畜成龄转作产役畜时，按实际成本
借：牲畜（禽）资产——产役畜
　　贷：牲畜（禽）资产——幼畜及育肥畜
(4) 产役畜发生饲养费用时
借：经营支出
　　贷：应付工资/库存物资/现金 等
(5) 产役畜的成本扣除预计残值后的部分应在其正常生产周期内，按照直线法分期摊销时
借：经营支出
　　贷：牲畜（禽）资产——产役畜
(6) 幼畜及育肥畜和产役畜对外销售时，按照实现的销售收入
借：现金/银行存款 等
　　贷：经营收入
同时，按照销售牲畜的实际成本，
借：经营支出
　　贷：牲畜（禽）资产——产役畜
(7) 以幼畜及育肥畜和产役畜对外投资时，按照合同、协议确定的价值
借：长期投资（协议合同价）
　　贷：牲畜（禽）资产（账面价）
　　　　公积公益金（协议价与账面价之差）（或借方）
(8) 牲畜死亡毁损时，按规定程序批准后
借：应收款 等（按照过失人及保险公司应赔偿的金额）
　　其他支出（如发生净损失，则按照扣除过失人和保险公司应赔偿金额后的净损失）
　　贷：牲畜（禽）资产（按照牲畜资产的账面价值）
　　　　其他收入（如产生净收益，按照过失人及保险公司应赔偿金额超过牲畜资产账面价值的金额）

【做中学　学中做】四龙岗村集体经济组织20××年发生以下经济业务：
(1) 用银行存款购买成年奶牛20只，共支付200 000元。预计可以产奶5年。

（2）第一年为饲养奶牛投入饲料价值 20 000 元，固定饲养人工费 12 000 元，同时根据 20% 的预计净残值率为奶牛计提折旧。

（3）使用 4 年后，将该批奶牛以 50 000 元价格出售给某肉食品加工厂，款项收到存入银行。

要求：请根据以上资料，完成相关的账务处理。

【**知识链接**】请扫码查看完成任务清单 7-4 的知识锦囊。

任务清单 7-4 的知识锦囊

任务清单 7-5　农户资产类（林木）业务核算

项目名称	任务清单内容
任务情境	姚家村集体经济组织 20××年发生以下经济业务： 姚家村于 20×1 年年初购入梨树树苗一批，总价款 54 000 元，款项尚未支付。 购买当年及次年分别投入培植费用 8 000 元。 第 3 年初，该批梨树苗投产成林，预计可正常产果 5 年，当年发生管护费用 12 000 元，并于当年末首次为该梨树林木计提折旧。 第 6 年末，因发生火灾造成该批梨树完全毁损，经调查认定由保险公司按成本价赔偿 12 000 元，村护林员王某赔偿 3 000 元，余额计入当期支出。 假定其他条件不变，保险公司应赔偿 18 000 元呢？
任务目标	学会村集体经济组织林木资产的会计核算。
任务要求	请你根据任务情境，通过网络搜索，学习村集体经济组织林木资产会计核算方法，并完成上述经济业务的账务处理。
任务思考	村集体经济组织牲畜（禽）资产与林木资产会计核算的差异有哪些？
任务实施	（1）第 1 年购入时会计处理 （2）第 1 年培植开支 （3）第 2 年培植支出

项目名称	任务清单内容
任务实施	（4）第3年初，发生管护费用、计提折旧 （5）第6年末，发生毁损 （6）假定其他条件不变，保险公司应赔偿18 000元
任务总结	通过完成上述任务，你学到了哪些知识或技能？
实施人员	
任务点评	

【点睛】林木资产的会计处理：

林木资产是指村集体经济组织购入或自行营造的林木，一般分为经济林木和非经济林木两种。二者的区别之处在于经济林木主要用于生产果品、药材、工业原料及油制品等，而非经济林木主要是成年后木质本身可以使用的木材。从常见的树种来看，苹果树、桑树、橡胶树等是经济林木，槐树、松树、柳树等则是非经济林木。

根据制度要求，村集体经济组织应分别设置"林木资产——经济林木"和"林木资产——非经济林木"两个二级科目进行不同内容的核算。从会计核算的角度来看，经济林木在投产成林、能够创造经济价值以后，应视其为一项普通的长期资产在每期计提折旧；非经济林木在郁闭成林后，不需要每期计提折旧。

（1）村集体经济组织购入经济林木时
借：林木资产——经济林木（按购买价及相关税费）
　　贷：现金/银行存款 等
（2）购入或营造的经济林木投产前发生的培植费用
借：林木资产——经济林木
　　贷：应付工资/库存物资 等
（3）经济林木投产后发生的管护费用
借：经营支出
　　贷：应付工资/库存物资 等
（4）经济林木投产后，其成本扣除预计残值后的部分应在其正常生产周期内，按照直线法摊销
借：经营支出
　　贷：林木资产——经济林木
（5）村集体经济组织购入非经济林木时
借：林木资产——非经济林木（按购买价及相关税费）
　　贷：现金/银行存款 等
（6）购入或营造的非经济林木在郁闭前发生的培植费用
借：林木资产——非经济林木
　　贷：应付工资/库存物资 等
（7）非经济林木郁闭后发生的管护费用
借：其他支出
　　贷：应付工资/库存物资 等
（8）按规定程序批准后，林木采伐出售时
借：银行存款 等（按照实现的销售收入）
　　贷：经营收入
同时，按照出售林木的实际成本
借：经营支出
　　贷：林木资产
（9）以林木对外投资时
借：长期投资 等（合同、协议价值）
　　贷：林木资产（账面价）

借或贷：公积公益金（合同或协议确定的价值与林木资产账面价值之间的差额）

（10）林木死亡毁损时，按规定程序批准后

借：应收款 等（按照过失人及保险公司应赔偿的金额）

其他支出（如发生净损失，则按照扣除过失人和保险公司应赔偿金额后的净损失）

贷：林木资产（按照林木资产的账面价值）

其他收入（按照过失人及保险公司应赔偿金额超过林木资产账面价值的金额）

【做中学 学中做】姚家村于 20×2 年年初购入杨树树苗一批，总价款 6 000 元，款项以银行存款支付；购买当年及次年分别投入培植费用 1 000 元；第 3 年初，该批杨树郁闭成林，支付现金管护费用 600 元；第 5 年末，姚家村以该批杨树对外长期投资，双方约定交易价格为 10 000 元。

要求：请根据以上资料，完成相关的账务处理。

【知识链接】请扫码查看完成任务清单 7-5 的知识锦囊。

任务清单 7-5 的知识锦囊

任务清单7-6　固定资产业务核算

项目名称	任务清单内容
任务情境	姚家村集体经济组织20××年4月，为村办小学平整操场发生支出30 000元，清理鱼塘发生支出60 000元，上述款项已用农商银行存款支付。两项工程完工后，均未形成固定资产。假设上述清理池塘支出为123 000元，以农商银行存款支付。
任务目标	学会村集体经济组织固定资产业务核算。
任务要求	请你根据任务情境，通过网络搜索，学习村集体经济组织固定资产业务核算方法，并完成上述经济业务的账务处理。
任务思考	村集体经济组织固定资产如何认定？ 村集体经济组织固定资产如何核算？
任务实施	（1）发生支出时会计处理： （2）完工结转时会计处理： （3）假设上述清理池塘支出为123 000元，发生支出时会计处理：

项目名称	任务清单内容
任务实施	（4）假设上述清理池塘支出为 123 000 元，完工结转时会计处理： （5）摊销（第 1 年） （6）摊销（第 2 年）
任务总结	通过完成上述任务，你学到了哪些知识或技能？
实施人员	
任务点评	

【点睛】村集体经济组织凡使用年限在一年以上，单位价值在 500 元以上的列为固定资产。固定资产按经济用途可分为生产经营用固定资产和非生产经营用固定资产。村集体经济组织在建工程完工后，对不形成固定资产的工程支出（如：修路、清理鱼塘、平整学校操场、农业基本设施维护等）应分别做如下账务处理：小于 10 万元的，必须结转到"经营支出""其他支出"等科目；等于或大于 10 万元的，应先结转到"固定资产"科目，然后再通过计提"折旧"来进行续期摊销，但每年摊销不应少于 10 万元。

注意：工程项目完工后即使不转入"固定资产"科目，但是发生的工程项目都应该通过"在建工程"科目核算。

【做中学 学中做】村集体经济组织一台机器设备毁损，其账面原价为 40 000 元，累计已计提折旧 10 000 元，支付清理费用 1 000 元，残料变价收入 2 000 元。

要求：请根据以上资料，完成相关的账务处理。

【知识链接】请扫码查看完成任务清单 7-6 的知识锦囊。

任务清单 7-6 的知识锦囊

任务清单 7-7 对外投资业务核算

项目名称	任务清单内容
任务情境	姚家村于 20×1 年 2 月 1 日以银行存款购入 W 公司股票,该股票单价 5.4 元,共 20 000 股,另支付交易税费 5 200 元。购买时,该股票每股含有已宣告但尚未实际支付的股利 0.6 元。2 月 8 日,W 公司将上述股利存入姚家村集体经济组织银行账户中。2 月 12 日,姚家村以 124 800 元将 W 公司股票卖出。
任务目标	学会村集体经济组织对外投资业务核算。
任务要求	请你根据任务情境,通过网络搜索,学习村集体经济组织对外投资业务核算方法,并完成上述经济业务的账务处理。
任务思考	村集体经济组织对外投资业务如何分类? 村集体经济组织对外投资业务如何核算?
任务实施	(1) 购入股票时会计处理: (2) 收到股利时会计处理:

项目名称	任务清单内容
任务实施	（3）出售股票时会计处理：
任务总结	通过完成上述任务，你学到了哪些知识或技能？
实施人员	
任务点评	

【点睛】村集体经济组织在取得短期投资时,假如购买的股票、债券、基金实际支付价格中包含已宣告但尚未领取的现金股利、已到付息期但尚未收到的债券利息的,该部分股利、利息不再单独列示,而是直接计入短期投资的取得成本中;以后实际收到该股利、利息的,直接冲减对应金额的短期投资取得成本。

村集体经济组织在进行长期投资核算时实质上采用了成本法的核算模式,对于发生的投资收益直接计入"投资收益"科目,不考虑投资收益是否冲减初始投资成本,收回投资时按实际收回价款或价值与账面价值的差额记入"投资收益"科目。

【做中学 学中做】姚家村与20×1年5月2日以银行存款购入M公司股票。该股票单价8.8元,共20 000股,另支付交易税费8 000元。20×1年6月8日,M公司宣告发放20×0股利,每股0.5元。20×1年6月20日,上述款项存入银行账户中。20×2年3月15日,以265 000元将M公司股票卖出,另支付相关税费10 000元。

要求:请根据以上资料,完成相关的账务处理。

【知识链接】请扫码查看完成任务清单7-7的知识锦囊。

任务清单7-7的知识锦囊

任务清单 7−8　应付职工薪酬业务核算

项目名称	任务清单内容
任务情境	姚家村考核上月员工出勤情况，并分别计算出不同部门员工的薪酬。 （1）本村固定在编人员工资为：管理人员 8 000 元，生产劳动人员 16 000 元，牲畜（禽）饲养人员 5 000 元，密闭非经济林木护理人员 2 000 元，村在建水渠施工人员 8 000 元。 （2）本期因自建水渠导致务农人手短缺，临时雇佣外来人员培植经济林木幼苗，工资 2 000 元。 （3）研究决定从本年度实现的收益当中支付本村残疾家庭毕某生活补助现金 1 500 元，支付曹某军烈属优抚款项 1 800 元。
任务目标	学会村集体经济组织应付职工薪酬业务核算。
任务要求	请你根据任务情境，通过网络搜索，学习村集体经济组织应付职工薪酬业务核算方法，并完成上述经济业务的账务处理。
任务思考	村集体经济组织应付职工薪酬业务如何核算？
任务实施	（1）计提固定人员工资会计处理： （2）计提临时人员工资会计处理： （3）提取并支付福利费会计处理：
任务总结	通过完成上述任务，你学到了哪些知识或技能？
实施人员	
任务点评	

【点睛】在村集体经济组织进行薪酬核算时，将应该支付给管理人员、固定员工的报酬总额计入"应付工资"科目；将来源于农村组织集体收益用于农村集体教科文卫支出、生活困难补助、抚恤金等支出归入"应付福利费"科目核算。应付福利费的二级科目包括：福利费结存、计划生育、烈军属、困难、学校、幼儿园、治安、丧葬费补助、老人退休补助、征兵民兵、环境卫生、公共设施维护、文体活动、路灯费用、农村医疗保险、农民失业保险、其他等。同时，针对在劳动过程中雇佣的临时人员，一般通过"内部往来"或"应付款项"科目进行核算。

【做中学 学中做】请归纳总结应付职工薪酬业务相关的账务处理。

【知识链接】请扫码查看完成任务清单7-8的知识锦囊。

任务清单7-8的知识锦囊

任务清单7-9　一事一议资金业务核算

项目名称	任务清单内容
任务情境	姚家村打算下半年购买3台风力发电机,用于满足本村日益增长的生产生活需求,于7月1日研究决定采取一事一议资金方式筹资210 000元。 7月11日村民将上述款项足额缴存到指定银行账户。 7月18日发电机运抵本村,共支付178 000元,其后发生安装调试费32 000元。 7月31日工程完工,发电机投产使用。
任务目标	学会村集体经济组织一事一议资金业务核算。
任务要求	请你根据任务情境,通过网络搜索,学习村集体经济组织一事一议资金业务核算方法,并完成上述经济业务的账务处理。
任务思考	村集体经济组织一事一议资金业务如何核算?
任务实施	(1) 7月1日,通过一事一议资金方案会计处理: (2) 7月11日,资金筹足缴存银行会计处理: (3) 7月18日,购入发电机会计处理:

项目名称	任务清单内容
任务实施	（4）发生安装调试费会计处理： （5）7月31日，正式投产使用会计处理： （6）完工后，将实际使用的一事一议资金转入公积公益金账户：
任务总结	通过完成上述任务，你学到了哪些知识或技能？
实施人员	
任务点评	

【点睛】《村集体经济组织会计制度》中的一事一议资金，是指因兴办生产、公益事业，按照一事一议的原则筹集的专项资金，属于长期负债。村集体组织使用一事一议资金后，可能构建某种有形资产，通过在建工程结转至固定资产；也可能完成某项修桥补路的具体劳务，不形成固定资产。二者的核算差异表现在前者最终会增加一项固定资产，而后者一般作为期间费用计入管理费用或其他支出；二者相似之处在于最终都要将一事一议资金结转至公积公益金科目。

【做中学　学中做】请归纳总结一事一议资金业务相关的账务处理。

【知识链接】请扫码查看完成任务清单 7-9 的知识锦囊。

任务清单 7-9 的知识锦囊

【小贴士】公积公益金科目的应用

公积公益金科目核算村集体经济组织从收益中提取的和其他来源取得的公积公益金。从收益中提取公积公益金时，借记"收益分配"科目，贷记本科目。收到应计入公积公益金的征用土地补偿费及拍卖荒山、荒地、荒水、荒滩等使用权价款，或者收到由其他来源取得的公积公益金时，借记"银行存款"科目，贷记本科目。收到捐赠的资产时，借记"银行存款""库存物资""固定资产"等科目，贷记本科目。按国家有关规定，并按规定程序批准后，公积公益金转增资本、弥补福利费不足或弥补亏损时，借记本科目，贷记"资本""应付福利费"或"收益分配"科目。本科目的期末贷方余额，反映村集体经济组织的公积公益金数额。

【案例】姚家村收到征地补偿费 100 万元，按国家规定不低于 80% 分配给农户，其余集体留存。则相关账务处理如下。

借：银行存款　　　　　　　　　　　　　　　　　1 000 000
　　贷：应付款——征地补偿款——农户　　　　　　　1 000 000
借：应付款——征地补偿款——农户　　　　　　　　800 000
　　贷：现金　　　　　　　　　　　　　　　　　　　800 000
借：应付款——征地补偿款——农户　　　　　　　　200 000
　　贷：公积公益金　　　　　　　　　　　　　　　　200 000

【能量小贴士】习近平总书记曾说："道德之于个人、之于社会，都具有基础性意义，做人做事第一位的是崇德修身"。还曾说"一个人只有明大德、守公德、严私德，其才方能用得其所"。

知识测试与能力训练

一、单项选择题
1. 村集体经济组织应付福利费从（　　）中提取。
   A. 应付工资　　　B. 经营收入　　　C. 本年收益　　　D. 公积公益金
2. 以下属于村集体经济组织其他收入项目的是（　　）。
   A. 经营收入　　　　　　　　　　　B. 发包及上交收入
   C. 补助收入　　　　　　　　　　　D. 罚款收入
3. 一事一议资金属于（　　）类科目。
   A. 资产　　　　　B. 负债　　　　　C. 成本　　　　　D. 所有者权益
4. 国家征用集体土地给农户的补偿部分形成集体负债，留存部分形成集体组织（　　）。
   A. 资产　　　　　B. 负债　　　　　C. 成本　　　　　D. 所有者权益
5. 村集体组织使用一事一议资金后，最终将转至（　　）科目。
   A. 长期借款　　　B. 短期借款　　　C. 公积公益金　　D. 股本

二、多项选择题
1. 村集体经济组织会计报表体系不包括（　　）。
   A. 科目余额表　　　　　　　　　　B. 收支明细表
   C. 资产负债表　　　　　　　　　　D. 收益及收益分配表
2. 村集体经济组织农业资产计提折旧的预计净残值率不正确的是（　　）。
   A. 10%　　　　　B. 1%　　　　　　C. 2%　　　　　　D. 5%
3. 村集体经济组织购入的农业资产初始成本包括（　　）。
   A. 买价　　　　　B. 相关的运费　　C. 包装费　　　　D. 保险费
4. 固定资产按经济用途可分为（　　）。
   A. 生产经营用固定资产　　　　　　B. 非生产经营用固定资产
   C. 出租固定资产　　　　　　　　　D. 待售固定资产
5. 下列科目属于《村集体经济组织会计制度》科目表规定的有（　　）。
   A. 公积公益金　　　　　　　　　　B. 一事一议资金
   C. 应付款项　　　　　　　　　　　D. 林木资产

三、判断题
1. 《村集体经济组织会计制度》中的一事一议资金，是指因兴办生产、公益事业，按照一事一议的原则筹集的专项资金，属于长期负债。（　　）
2. 《村集体经济组织会计制度》根据持有目的及时间将对外投资划分为短期投资与长期投资两种。（　　）
3. 村集体经济组织的房屋、建筑物、机器、设备、工具、器具和农业基本建设设施等，凡使用年限在一年以上，单位价值在500元以上的列为固定资产。（　　）
4. 产役畜的饲养费用及购入或营造的经济林木投产后发生的管护费均作为期间费用，计入各期的经营支出。（　　）
5. 会计报表是反映村集体经济组织一定时期内经济活动情况的书面报告。（　　）

四、业务操作题

1. 姚家村村委会 20×1 年 12 月发生如下经济业务：

1 日，接受某外资粮农组织捐赠人民币 50 万元，款项存入银行。

2 日，归还本月到期的 3 年期银行长期借款，本金 50 万元，最后一期利息 5 万元。

3 日，为筹措农副产品收购款，从农商银行借入 3 个月期限的借款 10 万元，规定年利率 6%，到期一次还本付息。

4 日，为准备越冬施肥，用银行存款 15 万元购买化肥一批，当日收到化肥，存入仓库。

5 日，从甲物资公司赊购苹果树幼苗一批，约定价格 20 万元。

6 日，开出银行转账支票一张，交付给甲物资公司，票面金额 30 万元，用于偿还本次购买苹果树幼苗款以及上月拖欠款项 10 万元。

7 日，村技术员赵旺财到县城参加为期一周的农机技术培训班学习，预借差旅费现金 0.4 万元。

8 日，购入一台需要安装的活塞式抽水机，支付银行存款 8 万元，在安装过程中投入银行存款 1.2 万元，使用了价值 3 万元的库存零件，完工后正常投入使用。

10 日，从银行提取现金 16 万元，支付上月各项工资 15 万元，支付福利费用 1 万元。

15 日，赵旺财出差回来，返还多余的现金 0.11 万元。

16 日，收到上月销售农民产品应收款项 20 万元，存入银行。

27 日，计提本月固定资产折旧 3 万元，其中农用生产设备 2.7 万元，村委会办公设备 0.3 万元。

28 日，计提本月村委会应支付的工资。其中固定在编人员工资为：管理人员 2 万元，生产劳动人员 10 万元，牲畜（禽）饲养人员 2 万元，林木护理人员 1 万元，临时雇佣外来人员负责培植经济林木幼苗，工资 1 万元。

29 日，计算出村民张某应缴纳的鱼塘承包收入 10 万元，暂未收到款项。

要求：请根据上述业务编写会计分录。

2. 姚家村 20×0—20×1 年产役畜购买及后续支出如下：

（1）20×0 年 1 月，购入幼驴 100 头，每头幼驴 800 元，运输费 3 000 元；购入 50 头肉幼牛，价值 40 000 元，全部用银行存款支付。

（2）20×0 年购买的幼畜发生的费用如下：应付饲养役畜驴人员工资 15 000 元，喂养役畜驴用的饲料价值为 20 000 元；饲养牛人员工资 16 000 元，喂牛用的饲料价值为 20 000 元。

（3）20×0 年 12 月 31 日，姚家村当年购买的 100 头幼驴已经成龄，转为役畜。

（4）20×1 年 1 月，姚家村饲养役畜驴发生费用 15 000 元，用银行存款支付。

（5）20×1 年 1 月，姚家村开始摊销役畜驴的成本。役畜驴预计使用 8 年，规定净残值率为成本的 5%。

要求：请根据上述业务编写会计分录。

知识测试与能力训练解析

项目八

农民专业合作社会计核算

 知识目标

- 了解农民专业合作社财务会计制度
- 掌握农民专业合作社会计核算方法

能力目标

- 能够正确核算农民专业合作社的经济业务
- 能够为农民专业合作社提供决策需要的会计信息

素质目标

- 培养学生正确认知农民专业合作社
- 培养学生创新意识,提升就业创业能力
- 培养学生全局意识,树立大局观念

 **会人会语**

互利合作　合作共赢

公司如何领办合作社，具体模式有以下三种：

公司控制下合作模式。公司实力雄厚，牵头成立合作社，并派人主导合作社的重大事项决策，建立起了公司完全控制下的"公司+合作社"模式。这种模式下，公司可以向合作社出资，成为合作社的核心成员之一。这种做法可以间接控制产品供应，用合作社来组织农民进行生产，免去了直接与农户接触的麻烦；还可以享受一些政策上的倾斜和优惠，比如用地、用水、用电、税收等方面的补贴和减免。

平等合作模式。公司如果与独立的合作社之间实力对等，就可以建立平等意义上的"战略合作"，公司一般资金和技术雄厚，而且有成熟的销售渠道和品牌；合作社控制规模化的种植养殖农产品的产品源头，在产业链前端具有垄断能力。双方各有优势且实力对等，就可以建立合约式的合作关系，双方在一定的时间段内，进行一对一的合作模式，合作社按照一定的生产标准为公司提供农产品，公司保证按约定价格收购合作社的产品，双方依据"合同"来约定各自的权利和义务。

相互参股式的合作模式。这种模式是公司与合作社进一步深化合作的结果，公司如果想要更加紧密地与合作社建立长期共赢关系，可以与合作社共同出资建立"合资体"，比如共同出资建立加工厂，建立销售公司等，由于双方共同投资，所得收益就可以按股份分配，这样合作社就获得了除了生产环节之外，加工销售环节的收益。另外，公司可以参股合作社，合作社也可以入股公司，相互持股的结果，就是公司与合作社建立起你中有我、我中有你的利益共同体。"公司+合作社+农户"，农民是核心、合作社是主体、企业是"龙头"。因为兼顾了三者利益，实践中表现出较强的生命力和吸引力。

工作和学习如同企业经营一样：互利合作，合作共赢！

任务一　认知农民专业合作社会计

任务清单8-1　认知农民专业合作社会计

项目名称	任务清单内容
任务情境	农民专业合作社是在农村家庭承包经营基础上，同类农产品的生产经营者或者同类农业生产经营服务的提供者、利用者，自愿联合、民主管理的互助性经济组织。 　　农民专业合作社以其成员为主要服务对象，提供农业生产资料的购买，农产品的销售、加工、运输、贮藏以及与农业生产经营有关的技术、信息等服务。 　　农民专业合作社应当遵循下列原则： （1）成员以农民为主体； （2）以服务成员为宗旨，谋求全体成员的共同利益； （3）入社自愿、退社自由； （4）成员地位平等，实行民主管理； （5）盈余主要按照成员与农民专业合作社的交易量（额）比例返还。
任务目标	认知农民专业合作社会计。
任务要求	请你根据任务情境，通过网络搜索，完成以下任务： （1）了解农民专业合作社会计核算依据。 （2）掌握《农民专业合作社财务会计制度（试行）》。
任务思考	比较农民专业合作社会计与村集体经济组织会计的区别与联系。
任务实施	（1）简述农民专业合作社会计核算依据

项目名称	任务清单内容
任务实施	（2）归纳比较农民专业合作社与工业企业会计科目设置的不同之处 （3）归纳比较农民专业合作社与工业企业会计报表的不同之处
任务总结	通过完成上述任务，你学到了哪些知识或技能？
实施人员	
任务点评	

【点睛】 农民专业合作社进行会计核算,需要依据表 8-1 所示的会计科目表选取设置所需要的科目。

表 8-1 会计科目表

顺序号	科目编号	科目名称
		一、资产类
1	101	库存现金
2	102	银行存款
3	113	应收款
4	114	成员往来
5	121	产品物资
6	124	委托加工物资
7	125	委托代销商品
8	127	受托代购商品
9	128	受托代销商品
10	131	对外投资
11	141	牲畜(禽)资产
12	142	林木资产
13	151	固定资产
14	152	累计折旧
15	153	在建工程
16	154	固定资产清理
17	161	无形资产
		二、负债类
18	201	短期借款
19	211	应付款
20	212	应付工资
21	221	应付盈余返还
22	222	应付剩余盈余
23	231	长期借款
24	235	专项应付款
		三、所有者权益类
25	301	股金
26	311	专项基金
27	321	资本公积
28	322	盈余公积
29	331	本年盈余
30	332	盈余分配
		四、成本类
31	401	生产成本
		五、损益类
32	501	经营收入
33	502	其他收入
34	511	投资收益
35	521	经营支出
36	522	管理费用
37	529	其他支出

附注:合作社在经营中涉及使用外埠存款、银行汇票存款、银行本票存款、信用卡存款、信用证保证金存款等各种其他货币资金的,可增设"其他货币资金"科目(科目编号 109);合作社在经营中大量使用包装物,需要单独对其进行核算的,可增设"包装物"科目(科目编号 122);合作社生产经营过程中,有牲畜(禽)资产、林木资产以外的其他农业资产,需要单独对其进行核算的,可增设"其他农业资产"科目(科目编号 149),参照"牲畜(禽)资产""林木资产"进行核算;合作社需要分年摊销相关长期费用的,可增设"长期待摊费用"科目(科目编号 171)。

【做中学　学中做】请参考《农民专业合作社财务会计制度（试行）》，归纳总结表 8-1 中各科目核算的主要内容。

做中学　学中做

【知识链接】请扫码查看完成任务清单 8-1 的知识锦囊。

任务清单 8-1 的知识锦囊

【能量小贴士】2014 年 5 月，习近平总书记给河北保定学院西部支教毕业生群体代表回信中写道："好儿女志在四方，有志者奋斗无悔。希望越来越多的青年人以你们为榜样，到基层和人民中去建功立业，让青春之花绽放在祖国最需要的地方，在实现中国梦的伟大实践中书写别样精彩的人生。"

任务二　核算农业专业合作社业务

任务清单 8-2　货币资金和应收款项类业务核算

项目名称	任务清单内容
任务情境	绿源专业合作社20××年发生以下经济业务： 1. 从开户信用社提取现金2 000元备用。 2. 马利雅出差时借款2 000元，现金付讫。 3. 本期销售给义乌商业批发行苹果一批，成本20 000元，售价30 000元；销售给新农家连锁超市蔬菜一批，成本12 000元，售价16 000元。 4. 收到新义乌商业批发行交付的转账支票30 000元，存入银行；接到法院通知，新农家连锁超市因经营不善破产，本社作为债权人可获得破产清偿财产6 000元，款项存入银行。 5. 向本社果农楚明超销售化肥一批，成本3 000元，售价3 500元，款项尚未收到。 6. 用银行存款为果农楚明超代垫优质果树苗采购款12 000元；楚明超上月上交合作社的水果中有部分未达到本社收购协议要求，按约定对其处以500元的罚款。 7. 本月收购楚明超水果一批，总价款10 000元。收购时支付60%货款，余款待下月结清。 8. 年终结算前，确认本年度应该返还楚明超盈余16 600元、分配剩余盈余3 400元，将上述款项转入楚明超个人的成员账户。 9. 确认本年度合作社与楚明超之间的"成员往来"科目贷方发生额，并以银行存款为楚明超结清相关款项（假设双方本年度只发生上述交易）。
任务目标	学会农民专业合作社货币资金和应收款项业务核算。
任务要求	请你根据任务情境，通过网络搜索，学习农民专业合作社货币资金和应收款项类业务核算方法，并完成上述经济业务的账务处理。
任务思考	农民专业合作社应收款项类业务包括哪些内容？ 核算这些内容需要设置哪些会计科目？
任务实施	业务1会计处理： 业务2会计处理：

项目名称	任务清单内容
任务实施	业务 3 会计处理： 业务 4 会计处理： 业务 5 会计处理： 业务 6 会计处理： 业务 7 会计处理： 业务 8 会计处理： 业务 9 会计处理：
任务总结	通过完成上述任务，你学到了哪些知识或技能？
实施人员	
任务点评	

【点睛】农民合作社在生产经营过程中发生的应收款项按照对象可以划分为对外、对内两类。凡是本社与外单位、个人产生的应收预付款，均通过"应收款项"科目核算；凡是本社与合作社社内农户、单位发生的应收应付款项，均通过"成员往来"科目核算。对比村集体会计制度来看，对外业务从科目名称到核算内容保持一致；对内业务的科目名称则从"内部往来"变成了"成员往来"。另外，合作社会计还要使用"成员往来"科目完成对内部社员的盈余分配。

【做中学　学中做】请结合任务清单 8-2 归纳总结应收款项类业务主要账务处理。

【知识链接】请扫码查看完成任务清单 8-2 的知识锦囊。

任务清单 8-2 的知识锦囊

任务清单8-3　存货类业务核算

项目名称	任务清单内容
任务情境	绿源专业合作社20××年发生以下经济业务： 1. 接受村民范某以玉米进行投资。双方协商作价15 000元，范某在合作社中享有13 000元的资本金份额。 2. 本期培育新品樱桃一批，共发生种肥农药、人工培植等支出8 000元，樱桃验收入库，结转生产成本。 3. 收到村民阎某68 000元存款，为其采购新品樱桃幼树一批。5日后采购完毕，共支付65 000万元价款，合作社按本社协议收取2%的手续费。该批树苗验收后交付给钱某，同时返还剩余购货款。 4. 接受本社农户姜某委托，为其代卖3吨大蒜，双方约定销售价格为18 000元。两日后该批大蒜售出，实际取得销售收入20 000元，款项存入银行，并结清内部交易。若实际销售收入为17 000元呢？
任务目标	学会农民专业合作社存货类业务核算。
任务要求	请你根据任务情境，通过网络搜索，学习农民专业合作社存货类业务核算方法，并完成上述经济业务的账务处理。
任务思考	农民专业合作社存货类业务包括哪些内容？ 核算这些内容需要设置哪些会计科目？
任务实施	业务1 会计处理： 业务2 会计处理： 业务3 会计处理： （1）收到购货款时 （2）采购完毕，收到树苗时

项目名称	任务清单内容
任务实施	（3）扣除手续费、返还多余金额，并结清内部交易 业务 4 会计处理： （1）接受代销委托时 （2）收到销售款时 （3）结清内部交易时 若实际销售收入为 17000 元，则会计处理
任务总结	通过完成上述任务，你学到了哪些知识或技能？
实施人员	
任务点评	

【点睛】凡是本社自产自用类存货，均使用"产品物资"科目，并根据不同的实务形态分设材料、低值易耗品、包装物等明细科目。凡是本社委托给外单位、个人代加工或待销售的存货，使用"委托加工物资""委托代销物资"科目核算。凡是本社接受下属社员委托代购、代销的存货，则使用"委托代购商品""收托代销商品"专属科目进行核算。

"产品物资"与村集体会计制度中的"库存物资"近似，"委托加工物资"与企业会计准则的核算要求类似，下面将重点讨论合作社与内部社员之间的存货交易。

【做中学 学中做】请结合任务清单 8-3 归纳总结存货类业务主要账务处理。

做中学 学中做

【知识链接】请扫码查看完成任务清单 8-3 的知识锦囊。

任务清单 8-3 的知识锦囊

任务清单8-4　固定资产、无形资产业务核算

项目名称	任务清单内容
任务情境	绿源专业合作社20××年发生以下经济业务： 1. 建造饲料加工车间，发包给建筑公司，工程价款500 000元，预付工程价款300 000元，工程完工验收合格后，补付剩余工程价款200 000元。 2. 自行研究出一项新品樱桃树苗的嫁接培植技术，共发生研发费用100 000元。按法律程序向专利主管部门申请并取得专利，支付相关注册费2 500元，律师费1 000元。以上款项均以银行存款支付。绿源合作社认为该项培植技术可以领先同行5年，因此决定按照5年时间直线法进行摊销，每年摊销金额为20 700元。
任务目标	学会农民专业合作社固定资产、无形资产业务核算。
任务要求	请你根据任务情境，通过网络搜索，学习农民专业合作社固定资产、无形资产业务核算方法，并完成上述经济业务的账务处理。
任务思考	农民专业合作社固定资产、无形资产业务包括哪些内容？ 核算这些内容需要设置哪些会计科目？
任务实施	业务1 会计处理： （1）以银行存款预付工程价款时 （2）工程完工验收合格后，以银行存款补付工程价款时

项目名称	任务清单内容
任务实施	（3）结转工程成本时 业务 2 会计处理： （1）形成无形资产时 （2）按年摊销成本时
任务总结	通过完成上述任务，你学到了哪些知识或技能？
实施人员	
任务点评	

【点睛】合作社的房屋、建筑物、机器、设备、工具、器具、农业基本建设设施等，凡使用年限在一年以上、单位价值在500元以上的列为固定资产。有些主要生产工具和设备，单位价值虽然低于规定标准，但使用年限在一年以上的，也可列为固定资产。对不形成固定资产的工程支出，如修路、维护农业基本设施等，应结转"经营支出""其他支出"等账户。

合作社的无形资产是指合作社长期使用但是没有实物形态的资产，包括专利权、商标权、非专利技术等。无形资产按取得时的实际成本计价，并从使用之日起，按照不超过10年的期限平均摊销，计入管理费用。转让无形资产取得的收入，计入其他收入；转让无形资产的成本，计入其他支出。

【做中学　学中做】考虑到合作社实际发生的投资行为较少，合作社财务会计制度在规定投资业务核算时本着简化处理的原则，将村集体制度中的"短期投资""长期投资"合并表述为"对外投资"。"对外投资"科目的使用与村集体会计制度的要求相同，并且不再区分投资行为的目的与持有期长短。合作社可以用于对外投资的资产类型包括货币资金、实物资产、无形资产等。

假设绿源专业合作社20×1年5月8日在证券市场购入A公司股票1 000股，每股28元，其中包含已宣告但尚未支付的股息2 000元。另支付手续费500元。8月8日，以38 000元的价格将该股票售出。

要求：请根据以上资料，完成绿源专业合作社的相关账务处理。

【知识链接】请扫码查看完成任务清单8-4的知识锦囊。

任务清单8-4的知识锦囊

任务清单 8-5　负债类业务核算

项目名称	任务清单内容
任务情境	绿源专业合作社 20×1 年发生以下经济业务： 1. 合作社 20×1 年度弥补亏损、提取公积金后的可分配盈余为 300 000 元，本社章程规定按 80% 比例和与成员交易额比例进行分配。该年度本社与社员交易总额为 1 000 000 元，其中农户甲、乙、丙交易额分别为 100 000 元、50 000 元、80 000 元。合作社根据各自交易额占全社成员总交易额的比例计提盈余，并用银行存款结清。 2. 根据章程规定，合作社将剩余盈余总额中的 15% 对社员进行再次分配。20×1 年年末绿源专业合作社所有者权益合计 300 000 元。本社农户丁个人账户记载的出资额 1 500 元，资本公积与盈余公积之和 1 000 元、专项基金 500 元。入社企业 A 农资供销公司账户记载的出资额 40 000 元、资本公积与盈余公积之和 18 000 元、专项基金 2 000 元。合作社分别计提上述剩余盈余，并以银行存款结清。
任务目标	学会农民专业合作社负债业务核算。
任务要求	请你根据任务情境，通过网络搜索，学习农民专业合作社负债业务核算方法，并完成上述经济业务的账务处理。
任务思考	农民专业合作社负债业务包括哪些内容？ 核算这些内容需要设置哪些会计科目？
任务实施	业务 1 会计处理： （1）本年可分配盈余中应返还社员的金额 = （2）甲、乙、丙农户各自的交易额比例 甲： 乙： 丙： （3）计算甲、乙、丙各自应分得盈余额度 甲： 乙： 丙： （4）计提应分配盈余时的会计处理

项目名称	任务清单内容
任务实施	（5）用银行存款支付盈余 业务 2 会计处理： （1）本年可供分配的剩余盈余金额 = （2）农户丁、企业 A 剩余盈余分配比例 农户丁： 企业 A： （3）计算农户丁、企业 A 应分得剩余盈余金额 农户丁： 企业 A： （4）计提剩余盈余的会计处理 （5）用银行存款支付盈余时
任务总结	通过完成上述任务，你学到了哪些知识或技能？
实施人员	
任务点评	

【点睛】合作社负债业务主要涉及应付盈余类和专项应付类。

合作社对本社成员进行盈余分配可分为两个阶段：首先按交易量（额）分配，其次按出资额、累积额分配。"应付盈余返还"科目专门用来核算合作社可分配盈余中应按成员与本社交易量（额）返还给成员的金额。根据合作社会计制度的规定，按交易量（额）返还的盈余额度不得低于可分配盈余的60%。"应付剩余盈余"科目核算合作社以成员账户中记载的出资额和公积金份额，以及本社接受国家财政直接补助和他人捐赠形成的财产平均量化到本社成员的份额，按比例分配给本社成员的剩余可分配盈余。

专项应付款项是指合作社接受国家财政直接补助而收到的货币资金。根据合作社会计制度的要求，首先将该笔资金列为合作社的债务，以后在使用过程中结转为使用期当期费用或形成某项实物资产、无形资产。

【做中学　学中做】请结合任务清单 8-5 归纳总结负债类业务主要账务处理。

【知识链接】请扫码查看完成任务清单 8-5 的知识锦囊。

任务清单 8-5 的知识锦囊

任务清单 8-6 所有者权益类业务核算

项目名称	任务清单内容
任务情境	绿源专业合作社20××年发生以下经济业务： 1. 合作社接受某科研所捐赠农用仪器设备一台，价值50 000元。 2. 合作社本年度实现盈余100 000元，根据经批准的盈余分配方案，按本年盈余的5%提取公积金。提取盈余公积后，当年可分配盈余的70%按成员与本社交易额比例返还给成员，其余部分平均分配给全体成员。
任务目标	学会农民专业合作社所有者权益类业务核算。
任务要求	请你根据任务情境，通过网络搜索，学习农民专业合作社所有者权益类业务核算方法，并完成上述经济业务的账务处理。
任务思考	农民专业合作社所有者权益类业务包括哪些内容？ 核算这些内容需要设置哪些会计科目？
任务实施	业务1 会计处理： 接受某科研所捐赠农用仪器设备时 业务2 会计处理： （1）结转本年盈余时 （2）提取公积金时

项目名称	任务清单内容
任务实施	（3）按成员与本社交易额比例返还盈余时 （4）分配剩余盈余时 （5）结转各项分配时
任务总结	通过完成上述任务，你学到了哪些知识或技能？
实施人员	
任务点评	

【点睛】农民专业合作社设置专项基金科目，核算合作社通过国家财政直接补助转入和他人捐赠形成的专项基金。

设置"本年盈余"科目核算合作社本年度实现的盈余。期末结转盈余时，应将"经营收入""其他收入"科目的余额转入本科目的贷方；同时将"经营支出""管理费用""其他支出"科目的余额转入本科目的借方。合作社的本年盈余按照下列公式计算：

本年盈余 = 经营收益 + 其他收入 − 其他支出

其中：

经营收益 = 经营收入 + 投资收益 − 经营支出 − 管理费用

投资收益是指投资所取得的收益扣除发生的投资损失后的数额。

本年盈余账户主要账务处理如表 8-2 所示。

表 8-2 本年盈余账户归纳总结表

业务	账务处理
结转各项收入	借：经营收入 　　　其他收入 　　贷：本年盈余
结转各项支出	借：本年盈余 　　贷：经营支出 　　　　管理费用 　　　　其他支出
结转投资盈余（也可能为相反分录）	借：投资收益 　　贷：本年盈余
转账后，根据借贷方发生额之差，转入"盈余分配"账户	借：本年盈余 　　贷：盈余分配——未分配盈余

【做中学　学中做】农民专业合作社的盈余分配，是指把当年已经确定的盈余总额连同以前年度的未分配盈余按照一定的标准进行合理分配。合作社要在做好各项准备工作的基础上，按照《合作社法》和《合作社财务会计制度》的规定，编制当年的盈余分配方案，经农民专业合作社成员大会批准后，方可执行。

要求：请结合工业企业利润分配顺序，分析填写盈余分配的顺序。

【知识链接】请扫码查看完成任务清单 8-6 的知识锦囊。

任务清单 8-6 的知识锦囊

【能量小贴士】《荀子·劝学》中说:"不积跬步,无以至千里;不积小流,无以成江海。"

知识测试与能力训练

一、单项选择题

1. 农民专业合作社是农村经济增长的内生要素，其参与农村金融服务的制度优势不包括（   ）。
   A. 离农村金融需求最近
   B. 资金供给充足
   C. 可以克服正规金融机构信贷博弈过程中难以克服的信息不对称问题
   D. 可以克服进入商业信贷市场的障碍，极大地提高农户信贷的可得性

2. 农民专业合作社情况统计表经农经管理部门负责统计的人员汇总并与主管业务人员审核后报（   ）。
   A. 省（区、市）农经管理部门   B. 农业农村部
   C. 人民代表大会   D. 国务院

3. 某村集体经济组织当年资产总额为 200 万元，负债总额为 80 万元，收益总额为 50 万元，则该村集体经济组织当年的资产收益率为（   ）。
   A. 25%   B. 40%   C. 65%   D. 75%

4. 无形资产从使用之日起，按直线法分期平均摊销，摊销年限不应超过（   ）年。
   A. 5   B. 15   C. 10   D. 20

5. "成员往来"各明细科目年末借方余额合计数应在资产负债表（   ）中反映。
   A. 应收款项   B. 应付款项   C. 营业收入   D. 营业外支出

二、多项选择题

1. 农民专业合作社应当遵循的原则包括（   ）。
   A. 成员以农民为主体
   B. 入社自愿、退社自由
   C. 成员地位平等，实行民主管理
   D. 盈余主要为农民专业合作社所有

2. 对农民专业合作社进行结构和类型分析，可以了解和掌握各类专业合作社的（   ）。
   A. 发展现状   B. 组织服务能力的大小
   C. 变化趋势   D. 利益连接程度

3. 专项基金是专业合作社通过（   ）形成的专用基金。
   A. 国家财政直接补助转入   B. 他人捐赠
   C. 盘盈   D. 收取罚没款

4. "应付工资"科目核算合作社应支付给（   ）的工资。
   A. 管理人员   B. 社员
   C. 固定员工   D. 临时工

5. 农产品发生不可区分的生产费用和劳务成本时，可以采用一定的（   ）等分

配方法将其分配到各种产品成本中去。

A. 种植面积　　B. 作业面积　　C. 社员人员　　D. 产量

三、判断题

1. 《农民专业合作社法》第三十七条规定，在弥补亏损、提取公积金后的当年盈余，为农民专业合作社的本年盈余。（　　）

2. 已提足折耗但未处理仍然继续使用的产役畜、经济林木可以继续摊销。（　　）

3. 合作社聘用职员计划及其工资标准，需经村党支部批准，所付工资不计入成本。（　　）

4. 合作社主要以服务成员为目的，所有合作社具有公益性，将其归入非营利性组织。（　　）

5. 领用或出售的出库存货成本方法一经选定，不得随意变动。（　　）

四、业务操作题

1. 营口绿佳果木种植合作社，是一家2018年成立的农民专业合作社，2016年有关固定资产核算的部分经济业务如下：

（1）4月1日，合作社以存款3 000元购买水泵一台，用现金支付运杂费、安装费400元。

（2）4月3日，合作社购买电脑一台，价款4 800元，用银行存款支付。

（3）4月4日，合作社新建办公室5间，用银行存款购买各种材料价值20 000元，用现金支付工人工资20 000元，用现金支付运杂费4 000元，月末建成并投入使用。

（4）5月8日，合作社收到政府捐赠的全新电脑2台，价值8 000元。

（5）6月8日，合作社出售农用三轮车一辆，双方协议价5 000元。车辆账面价值4 000元，已提折旧12 000元。出售时，用现金支付中介费200元，款项已收。

要求：请根据以上资料编制相关会计分录。

2. 某合作社收到政府直接财政补助资金120 000元，其中50 000元用来购买办公室，14 000元用来购买电脑，16 000元用来做农业技术推广，40 000元用于成员培训。

要求：请根据以上资料编制相关会计分录。

知识测试与能力训练解析

项目九

政府会计基础

知识目标

- 熟悉政府会计标准体系
- 掌握政府会计要素及其确认和计量方法
- 掌握政府会计核算模式

技能目标

- 能办理国库集中支付业务
- 能办理非财政拨款收支业务
- 能办理预算结余及分配业务
- 能办理净资产和负债业务

素质目标

- 培养学生根据预算合理安排支出的素质
- 培养学生坚持准则、有法必依的素质
- 培养学生诚实守信、操守为重的素质

 会人会语

学会政府会计核算　争做新时代弄潮儿

2013年11月，中共十八届三中全会通过的《中共中央关于全面深化改革若干重大问题的决定》作出了"建立权责发生制的政府综合财务报告制度"的重要战略部署。

2014年8月，新修订的《预算法》要求"各级政府财政部门应当按年度编制以权责发生制为基础的政府综合财务报告，报告政府整体财务状况、运行情况和财政中长期可持续性，报本级人民代表大会常务委员会备案"。

2014年12月，国务院批转了财政部《权责发生制政府综合财务报告制度改革方案》，正式确立了我国权责发生制政府综合财务报告制度改革的指导思想、总体目标、基本原则、主要任务、具体内容、配套措施、实施步骤和组织保障。《改革方案》提出，要加快推进政府会计改革，逐步建立以权责发生制政府会计核算为基础，以编制和报告政府资产负债表、收入费用表等报表为核心的权责发生制政府综合财务报告制度，提升政府财务管理水平，促进政府会计信息公开，推进国家治理体系和治理能力现代化。

会计人学好企业会计的同时，亦要学好政府会计，遵守中国现代会计学之父潘序伦先生提出的"信以立志，信以守身，信以处事，信以待人，毋忘立信，当必有成"的诚实守信职业道德，全心全意为政府机关和企事业单位服务，争做新时代弄潮儿。

任务一 认知政府会计

任务清单 9-1 认知政府会计

项目名称	任务清单内容
任务情境	政府会计是运用会计专门方法对政府及其组成主体（包括政府所属的行政事业单位等）的财务状况、运行情况（含运行成本）、现金流量、预算执行等情况进行全面核算、监督和报告。 　　政府会计标准体系由政府会计基本准则、政府会计具体准则及应用指南和政府会计制度等组成。 　　政府会计标准体系适用于政府会计主体。 　　政府会计由预算会计和财务会计构成，实行"双功能、双基础、双报告"的核算模式。这种模式下，政府单位应当对预算会计和财务会计进行平行记账。平行记账的基本规则是"单位对于纳入部门预算管理的现金收支业务，在采用财务会计核算的同时应当进行预算会计核算；对于其他业务，仅需进行财务会计核算"。
任务目标	认知政府会计，掌握政府会计核算模式。
任务要求	请你根据任务情境，通过网络搜索，完成以下任务： （1）掌握政府会计要素的确认和计量方法。 （2）熟悉政府财务报告和决算报告。 （3）掌握政府会计的核算模式。
任务实施	（1）政府会计要素及其确认和计量： 政府预算会计要素 政府财务会计要素

项目名称	任务清单内容
任务实施	（2）政府财务报告和决算报告的内容及其构成： （3）政府会计的核算模式：
任务总结	通过完成上述任务，你学到了哪些知识或技能？
实施人员	
任务点评	

【点睛】预算结余包括结余资金和结转资金。结余资金是指年度预算执行终了,预算收入实际完成数扣除预算支出和结转资金后剩余的资金。结转资金是指预算安排项目的支出年终尚未执行完毕或者因故未执行,且下年需要按原用途继续使用的资金。

【做中学 学中做】请归纳总结我国会计准则体系,填写表9-1;归纳总结政府会计要素分类及其关系,填写表9-2;归纳总结政府决算报告与政府综合财务报告的区别,填写表9-3;归纳总结预算会计和财务会计二者"适度分离"具体表现,填写9-4。

表9-1 我国会计准则体系

会计准则体系	适用范围

表9-2 政府会计要素分类及其关系

政府会计要素		要素具体分类	会计要素关系
财务会计要素			
预算会计要素			

表 9-3　政府决算报告与政府综合财务报告的区别

项目	政府决算报告	政府综合财务报告
编制主体		
反映的对象		
编制基础		
数据来源		
编制方法		
报送要求		

表 9-4　预算会计和财务会计适度分离具体表现

模式	预算会计	财务会计
双功能		
双基础		
双报告		

注：财务会计反映单位财务状况和运行情况，而预算会计反映单位预算执行情况

【知识链接】请扫码查看完成任务清单 9-1 的知识锦囊。

任务清单 9-1 的知识锦囊

【能量小贴士】博学之，审问之，慎思之，明辨之，笃行之。——《中庸·第二十章》

任务二　核算国库集中支付业务

任务清单 9-2　　　　国库集中支付业务的核算

项目名称	任务清单内容
任务情境	某事业单位发生下列经济业务： （1）20×0 年 12 月 8 日，根据经过批准的部门预算和用款计划，向同级财政部门申请支付第三季度水费 2 万元。 12 月 10 日，财政部门经审核后，以财政直接支付方式向自来水公司支付水费 2 万元。 12 月 13 日，收到"财政直接支付入账通知书"。 （2）20×0 年 12 月 31 日，经与代理银行提供的对账单核对无误后，将 10 万元零余额账户用款额度予以注销。 （3）20×0 年度财政授权支付预算指标数大于零余额账户用款额度下达数，未下达的用款额度为 18 万元。 （4）20×1 年度，收到代理银行提供的额度恢复到账通知书。 （5）20×1 年度，收到财政部门批复的上年末未下达零余额账户用款额度。
任务目标	通过完成学习任务，学会政府会计国库集中支付业务的核算。
任务要求	请你根据任务情境资料，通过网络搜索，完成相关经济业务的账务处理，并掌握政府会计国库集中支付业务的核算方法。
任务实施	（1）收到"财政直接支付入账通知书"时 （2）注销零余额账户用款额度时

项目名称	任务清单内容
任务实施	（3）补记指标数 （4）恢复额度 （5）收到财政部门批复的上年末未下达额度
任务总结	通过完成上述任务，你学到了哪些知识或技能？
实施人员	
任务点评	

【点睛】(1)"资金结存"科目核算纳入部门预算管理的资金的流入、流出、调整和滚存等情况,属于预算结余类科目。"资金结存"科目应设置"零余额账户用款额度""货币资金""财政应返还额度"三个明细科目。年末预算收支结转后,"资金结存"科目借方余额与预算结转结余科目贷方余额相等。

(2)国库集中收付,是指以国库单一账户体系为基础,将所有财政性资金都纳入国库单一账户体系管理,收入直接缴入国库和财政专户,支出通过国库单一账户体系支付到商品和劳务供应者或用款单位的一项国库管理制度。

实行国库集中支付的单位,财政资金的支付方式包括财政直接支付和财政授权支付。相关账务处理如表9-5和表9-6所示。

表9-5 财政直接支付方式相关账务处理

业务	预算会计	财务会计
由财政直接支付的支出,事业单位收到"财政直接支付入账通知书"时	借:事业支出/行政支出 　　贷:财政拨款预算收入	借:库存物品/固定资产/应付职工薪酬/业务活动费用/单位管理费用 　　贷:财政拨款收入
年终依据本年度财政直接支付预算指标数与当年财政直接支付实际支出数的差额	借:资金结存——财政应返还额度 　　贷:财政拨款预算收入	借:财政应返还额度 　　贷:财政拨款收入
下年度恢复财政直接支付额度后,事业单位在使用预算结余资金时	借:事业支出/行政支出 　　贷:资金结存——财政应返还额度	借:库存物品/固定资产/应付职工薪酬/业务活动费用/单位管理费用 　　贷:财政应返还额度

表9-6 财政授权支付方式相关账务处理

业务	预算会计	财务会计
收到"授权支付到账通知书"后,根据通知书所列数额	借:资金结存——零余额账户用款额度 　　贷:财政拨款预算收入	借:零余额账户用款额度 　　贷:财政拨款收入
支用额度时	借:行政支出/事业支出 　　贷:资金结存——零余额账户用款额度	借:库存物品/固定资产/应付职工薪酬/业务活动费用/单位管理费用 　　贷:零余额账户用款额度
年终,事业单位依据代理银行提供的对账单注销额度时	借:资金结存——财政应返还额度 　　贷:资金结存——零余额账户用款额度	借:财政应返还额度 　　贷:零余额账户用款额度
下年初恢复额度时,事业单位依据代理银行提供的额度恢复到账通知书	借:资金结存——零余额账户用款额度 　　贷:资金结存——财政应返还额度	借:零余额账户用款额度 　　贷:财政应返还额度

续表

业务	预算会计	财务会计
如果事业单位本年度财政授权支付预算指标数大于零余额账户用款额度下达数，根据两者的差额（未下达的用款额度）	借：资金结存——财政应返还额度 　　贷：财政拨款预算收入	借：财政应返还额度 　　贷：财政拨款收入
如果下年度收到财政部门批复的上年未下达零余额账户用款额度	借：资金结存——零余额账户用款额度 　　贷：资金结存——财政应返还额度	借：零余额账户用款额度 　　贷：财政应返还额度

【做中学　学中做】国库集中支付业务的核算：

(1) 2×19年年末，某行政单位财政直接支付指标数与当年财政直接支付实际支出数之间的差额为12万元。

2×20年年初，财政部门恢复该单位的财政直接支付额度。

2×20年1月20日，该单位以财政直接支付方式购买一批办公用品（属于上年预算指标数），支付给供应商8万元价款。

要求：请根据上述资料完成该行政单位的账务处理。

做中学　学中做

年末补记指标：
编制预算会计分录

编制财务会计分录

2×20年年初使用上年预算指标购买办公用品时：
编制预算会计分录

编制财务会计分录

（2）2×20年8月，某科研院所根据批准的部门预算和用款计划，向同级财政部门申请财政授权支付用款额度20万元。

9月4日，财政部门经审核后，以财政授权支付方式下达了19万元的用款额度。

9月6日，该科研院所收到代理银行转来的"授权支付到账通知书"。

要求：请根据上述资料完成该科研院所的账务处理。

做中学 学中做	编制预算会计分录
	编制财务会计分录

【知识链接】请扫码查看完成任务清单9-2的知识锦囊。

任务清单9-2的知识锦囊

【能量小贴士】好学近乎知，力行近乎仁，知耻近乎勇。——《中庸·第二十章》

任务三　核算非财政拨款收支业务

任务清单9-3　非财政拨款业务的核算

项目名称	任务清单内容
任务情境	某事业单位（为增值税一般纳税人）部分事业收入采用财政专户返还方式管理，2×21年4月发生下列经济业务： （1）4月8日，收到应上缴财政专户的事业收入300万元。 （2）4月16日，将上述款项上缴财政专户。 （3）4月20日，收到从财政专户返还的事业收入300万元。 （4）4月21日，对外开展技术咨询服务，开具的增值税专用发票上注明的劳务收入为10万元，增值税为0.6万元，全部款项已存入银行。 （5）4月25日，接受乙公司捐赠的一批实验材料，乙公司所提供的凭据表明其价值为15万元，该事业单位以银行存款支付运输费0.2万元，假设不考虑相关税费。
任务目标	通过完成学习任务，学会政府会计非财政拨款业务的核算。
任务要求	请你根据任务情境资料，通过网络搜索，完成相关经济业务的账务处理，并掌握政府会计非财政拨款业务的核算方法。
任务实施	（1）收到应上缴财政专户的事业收入时： （2）上缴财政款时： （3）收到从财政专户返还的事业收入：

项目名称	任务清单内容
任务实施	（4）对外开展技术咨询服务，全部款项已存入银行： 收到劳务收入 实际缴纳增值税时 （5）接受乙公司捐赠的一批实验材料时：
任务总结	通过完成上述任务，你学到了哪些知识或技能？
实施人员	
任务点评	

【点睛】（1）事业（预算）收入是指事业单位开展专业业务活动及其辅助活动实现的收入，不包括从同级政府财政部门取得的各类财政拨款。

（2）非同级财政拨款（预算）收入是指单位从非同级政府财政部门取得的经费拨款，包括从同级政府其他部门取得的横向转拨财政款、从上级或下级政府财政部门取得的经费拨款等。

（3）捐赠收入指单位接受其他单位或者个人捐赠取得的收入，包括现金捐赠收入和非现金捐赠收入。捐赠预算收入，指单位接受捐赠的现金资产。

事业（预算）收入、非同级财政拨款（预算）收入、捐赠（预算）收入和支出相关账务处理如表9-7、表9-8、表9-9所示。

表9-7 事业（预算）收入业务账务处理表

业务		财务会计	预算会计
采用财政专户返还方式	实际收到或应收应上缴财政专户的事业收入时	借：银行存款/应收账款 等 　　贷：应缴财政款	
	向财政专户上缴款项时	借：应缴财政款 　　贷：银行存款 等	
	收到从财政专户返还的款项时	借：银行存款等 　　贷：事业收入	借：资金结存——货币资金 　　贷：事业预算收入
采用预收款方式	实际收到款项时	借：银行存款 等 　　贷：预收账款	借：资金结存——货币资金 　　贷：事业预算收入
	按合同完成进度确认收入时	借：预收账款 　　贷：事业收入	
采用应收款方式	根据合同完成进度计算本期应收的款项	借：应收账款 　　贷：事业收入	
	实际收到款项时	借：银行存款 等 　　贷：应收账款	借：资金结存——货币资金 　　贷：事业预算收入
其他方式		借：银行存款/库存现金 等 　　贷：事业收入	借：资金结存——货币资金 　　贷：事业预算收入
期末/年末结转		借：事业收入 　　贷：本期盈余	（1）专项资金收入金额 借：事业预算收入 　　贷：非财政拨款结转——本年收支结转 （2）非专项资金收入金额 借：事业预算收入 　　贷：其他结余

表 9-8 非同级财政拨款（预算）收入业务账务处理表

业务	财务会计	预算会计
确认收入	借：银行存款 　　贷：非同级财政拨款收入	借：资金结存——货币资金 　　贷：非同级财政拨款预算收入
结转收入	借：非同级财政拨款收入 　　贷：本期盈余	借：非同级财政拨款预算收入 　　贷：非财政拨款结转（专项资金） 　　　　其他结余（非专项资金）

表 9-9 捐赠（预算）收入和支出相关账务处理表

业务		财务会计	预算会计
捐赠（预算）收入	接受货币资金捐赠，按实际收到的金额	借：银行存款/库存现金 　　贷：捐赠收入	借：资金结存——货币资金 　　贷：其他预算收入——捐赠预算收入
	接受非现金资产捐赠	借：库存物品/固定资产 　　贷：捐赠收入（差额） 　　　　银行存款（运费、税费等）	借：其他支出（运费、税费等） 　　贷：资金结存——货币资金
捐赠（支出）费用	捐赠现金资产	借：其他费用 　　贷：银行存款/库存现金	借：其他支出 　　贷：资金结存——货币资金
	捐赠非现金资产	借：资产处置费用 　　贷：库存物品/固定资产 等 （资产的账面价值）	不做账

【做中学　学中做】2×21 年 3 月 12 日，某事业单位接受甲公司捐赠的一批实验材料，甲公司所提供的凭据表明其价值为 100 000 元，该事业单位以银行存款支付运输费 1 000 元。假设不考虑相关税费。

要求：根据上述资料完成相关的账务处理。

【做中学　学中做】

【知识链接】请扫码查看完成任务清单 9-3 的知识锦囊。

任务清单 9-3 的知识锦囊

【能量小贴士】吾生也有涯，而知也无涯。——《庄子·养生主》

任务四　核算预算结转结余及分配业务

任务清单9-4　预算结转结余及分配业务的核算

项目名称	任务清单内容
任务情境	某事业单位2×21年发生如下经济业务： 1. 2月，启动一项科研项目。当年收到上级主管部门拨付的非财政专项资金600万元，为该项目发生事业支出580万元。 年末，项目结项，经上级主管部门批准，该项目的结余资金留归事业单位使用，不考虑其他因素。 2. 11月，财政部门拨付某事业单位基本支出补助500万元、项目补助200万元，"事业支出"科目下"财政拨款支出（基本支出）""财政拨款支出（项目支出）"明细科目的当期发生额分别为500万元和180万元。 月末，该事业单位将本月财政拨款收入和支出结转。 年末，该单位完成财政拨款收支结转后，对财政拨款各明细项目进行分析，按照有关规定将某项目结余资金5万元转入财政拨款结余。
任务目标	通过完成学习任务，学会预算结转结余及分配业务的核算。
任务要求	请你根据任务情境资料，通过网络搜索，完成相关经济业务的账务处理，并掌握预算结转结余及分配业务的核算方法。
任务实施	业务1相关会计处理： （1）收到上级主管部门拨付款项时 财务会计 预算会计 （2）发生业务活动费用（事业支出）时 财务会计 预算会计

项目名称	任务清单内容
任务实施	（3）年末结转上级补助预算收入中该科研专项资金收入时 （4）年末结转事业支出中该科研专项支出时 （5）经批准确定结余资金留归本单位使用时 业务 2 相关会计处理： （1）11 月末结转财政拨款收入时 （2）11 月末结转财政拨款支出时 （3）2×21 年年末应编制预算会计分录
任务总结	通过完成上述任务，你学到了哪些知识或技能？
实施人员	
任务点评	

【点睛】财政拨款结转结余不参与事业单位的结余分配,单独设置"财政拨款结转"和"财政拨款结余"科目核算。非财政拨款结转结余通过设置"非财政拨款结转""非财政拨款结余""专用结余""经营结余""非财政拨款结余分配"等科目核算。预算结转结余及分配业务相关账务处理归纳总结如表 9–10 至表 9–16 所示。

表 9–10 财政拨款结转相关账务处理表

业务	财务会计	预算会计
年末	政府单位应将财政拨款收入和对应的财政拨款支出结转至"财政拨款结转"科目	
从其他单位调入的财政拨款结转资金	借:财政应返还额度/零余额账户用款额度 贷:累计盈余	借:资金结存 贷:财政拨款结转——归集调入
按规定上缴(注销)、向其他单位调出财政拨款结转资金	借:累计盈余 贷:财政应返还额度/零余额账户用款额度	借:财政拨款结转——归集上缴/归集调出 贷:资金结存
经财政部门批准对财政拨款结余资金改变用途		借:财政拨款结转——单位内部调剂 贷:财政拨款结转——单位内部调剂
单位发生会计差错等事项调整以前年度财政拨款结转资金	借:以前年度盈余调整 贷:零余额账户用款额度 等 或做相反会计分录	借:资金结存 贷:财政拨款结转——年初余额调整 或做相反会计分录
年末冲销有关明细科目		将"财政拨款结转"除"累计结转"外的明细科目转入"累计结转"。 完成上述结转后,将符合财政拨款结余性质的项目余额转入财政拨款结余 借:财政拨款结转——累计结转 贷:财政拨款结转——结转转入

表 9–11 财政拨款结余相关账务处理表

业务	财务会计	预算会计
年末		财政拨款结余性质的项目余额转入财政拨款结余 借:财政拨款结转——累计结转 贷:财政拨款结余——结转转入
资金改变用途		借:财政拨款结转——单位内部调剂 贷:财政拨款结转——单位内部调剂
上缴结余或注销拨款结余资金额度	借:累计盈余 贷:零余额账户用款额度/财政应返还额度	借:财政拨款结余——归集上缴 贷:资金结存

续表

业务	财务会计	预算会计
因发生会计差错等事项调整以前年度财政拨款结余资金	借：以前年度盈余调整 　贷：零余额账户用款额度/ 　　　银行存款 等 或编制相反分录	借：资金结存 　贷：财政拨款结余——年初余额调整 或编制相反分录
年末冲销有关明细科目		将"财政拨款结余"除"累计结余"外的明细科目余额转入"累计结余"明细科目

注："财政拨款结余"科目核算单位滚存的财政拨款项目支出结余资金。

表 9-12　非财政拨款结转相关账务处理表

业务	财务会计	预算会计
年末		借："事业预算收入/上级补助预算收入/附属单位上缴预算收入/非同级财政拨款预算收入/债务预算收入/其他预算收入"科目下各专项资金收入明细科目 　贷：非财政拨款结转——本年收支结转 借：非财政拨款结转——本年收支结转 　贷："行政支出/事业支出/其他支出"科目下各非财政拨款专项资金支出明细科目
从科研项目预算收入中提取项目管理费或间接费	借：单位管理费用/业务活动费用 等 　贷：预提费用——项目间接费用或管理费	借：非财政拨款结转——项目间接费用或管理费 　贷：非财政拨款结余——项目间接费用或管理费
缴回非财政拨款结转资金	借：累计盈余 　贷：银行存款	借：非财政拨款结转——缴回资金 　贷：资金结存——货币资金
因会计差错更正等事项调整非财政拨款结转资金	借：以前年度盈余调整 　贷：银行存款 等 或编制相反分录	借：资金结存——货币资金 　贷：非财政拨款结转——年初余额调整 或编制相反分录
单位冲销有关明细科目余额		将"非财政拨款结转——年初余额调整/项目间接费用或管理费/缴回资金/本年收支结转"科目余额转入"非财政拨款结转——累计结转"科目。 完成上述结转后，将留归本单位使用的非财政拨款专项（项目已完成）剩余资金转入"非财政拨款结余" 借：非财政拨款结转——累计结转 　贷：非财政拨款结余——结转转入

表 9–13　非财政拨款结余主要账务处理表

业务	财务会计	预算会计
年末		留归本单位使用的非财政拨款专项（项目已完成）剩余资金转入 借：非财政拨款结转——累计结转 　　贷：非财政拨款结余——结转转入
从科研项目预算收入中提取管理费	借：单位管理费用 　　贷：预提费用——项目间接费用或管理费	借：非财政拨款结转——项目间接费用或管理费 　　贷：非财政拨款结余——项目间接费用或管理费
有企业所得税缴纳义务的事业单位实际缴纳企业所得税	借：其他应缴税费——单位应交所得税 　　贷：银行存款	借：非财政拨款结余——累计结余 　　贷：资金结存——货币资金
差错更正等调整非财政拨款结余资金	借：以前年度盈余调整 　　贷：银行存款 或编制相反分录	借：资金结存——货币资金 　　贷：非财政拨款结余——年初余额调整 或编制相反分录
年末		将"非财政拨款结余——年初余额调整/项目间接费用或管理费/结转转入"科目余额结转入"非财政拨款结余——累计结余"科目。结转后，本科目除"累计结余"明细科目外，其他明细科目应无余额
年末		事业单位将"非财政拨款结余分配"科目余额转入非财政拨款结余 借：非财政拨款结余——累计结余 　　贷：非财政拨款结余分配 或编制相反分录
年末		行政单位将"其他结余"科目余额转入非财政拨款结余 借：非财政拨款结余——累计结余 　　贷：其他结余 或编制相反分录

表 9–14　专用结余相关账务处理表

业务	预算会计
从本年度非财政拨款结余或经营结余中提取基金的，提取基金时	借：非财政拨款结余分配 　　贷：专用结余
从本年度非财政拨款结余或经营结余中提取基金的，使用基金时	借：专用结余 　　贷：资金结存——货币资金
注：专用结余的年末贷方余额，反映事业单位从非同级财政拨款结余中提取的专用基金的累计滚存数额	

表 9-15 经营结余相关账务处理表

业务	预算会计
期末，根据经营收入本期发生额	借：经营预算收入 　　贷：经营结余
期末，根据经营支出本期发生额	借：经营结余 　　贷：经营支出
年末，如"经营结余"科目为贷方余额	借：经营结余 　　贷：非财政拨款结余分配
年末，如为借方余额，即为经营亏损，不予结转	

表 9-16 其他结余相关账务处理表

业务	预算会计
结转收入	借："事业预算收入/上级补助预算收入/附属单位上缴预算收入/非同级财政拨款预算收入/债务预算收入/其他预算收入"科目下各非专项资金收入明细科目 　　投资预算收益 　　贷：其他结余
结转支出	借：其他结余 　　贷："行政支出/事业支出/其他支出"科目下各非同级财政、非专项资金支出明细科目/上缴上级支出/对附属单位补助支出/投资支出/债务还本支出
注：年末，行政单位将其他结余科目余额转入"非财政拨款结余——累计结余"科目；事业单位将其他结余科目余额转入"非财政拨款结余分配"科目	

【点睛】非财政拨款结余分配归纳总结如下：

"非财政拨款结余分配"科目，核算事业单位本年度非财政拨款结余分配的情况和结果。

年末，事业单位应将"其他结余"科目余额和"经营结余"科目贷方余额转入"非财政拨款结余分配"科目。

根据有关规定提取专用基金的，按照提取的金额，借记"非财政拨款结余分配"科目，贷记"专用结余"科目；同时，在财务会计中按照相同的金额，借记"本年盈余分配"科目，贷记"专用基金"科目。然后，将"非财政拨款结余分配"科目余额转入"非财政拨款结余"科目。

【做中学　学中做】根据以下资料完成相关的账务处理。

1. 2×20 年 12 月，某事业单位对其收支科目进行分析，事业预算收入和上级补助预算收入本年发生额中的非专项资金收入分别为 200 万元、40 万元；事业支出和其他支出本年发生额中的非财政非专项资金支出分别为 160 万元、20 万元；对附属单位补助支出本年发生额为 40 万元。

经营预算收入本年发生额为 19 万元，经营支出本年发生额为 13 万元。

（1）结转本年非财政、非专项资金预算收入

（2）结转本年非财政、非专项资金支出

（3）结转本年经营预算收入

（4）结转本年经营支出

2. 2×20 年终结账时，某事业单位当年"经营结余"科目的贷方余额为 6 万元，"其他结余"科目的贷方余额为 8 万元。

该事业单位按照有关规定提取职工福利基金 2 万元。

（1）结转经营结余

（2）结转其他结余

（3）提取专用基金

（4）将"非财政拨款结余分配"科目的余额转入"非财政拨款结余"科目

【知识链接】 请扫码查看完成任务清单9-4的知识锦囊。

任务清单9-4的知识锦囊

【能量小贴士】 粗缯大布裹生涯,腹有诗书气自华。——苏轼

任务五　核算净资产业务

任务清单 9-5　净资产业务的核算

项目名称	任务清单内容
任务情境	2×21年3月5日，某行政单位接受其他部门无偿调入库存物品一批，该批库存物品在调出方的账面价值为4万元，经验收合格后入库。 库存物品调入过程中该单位以银行存款支付运输费0.12万元，不考虑相关税费。
任务目标	通过完成学习任务，学会净资产业务的核算。
任务要求	请你根据任务情境资料，通过网络搜索，完成相关经济业务的账务处理，并掌握净资产业务的核算方法。
任务实施	（1）收到库存物品时 （2）支付运输费时
任务总结	通过完成上述任务，你学到了哪些知识或技能？
实施人员	
任务点评	

【点睛】单位财务会计中净资产的来源主要包括累计实现的盈余和无偿调拨的净资产。在日常核算中,单位应当在财务会计中设置"累计盈余""专用基金""无偿调拨净资产""权益法调整"和"本期盈余""本期盈余分配""以前年度盈余调整"等科目。

(一) 本期盈余及本年盈余分配

本期盈余反映单位本期各项收入、费用相抵后的余额。期末,单位应当将各类收入科目和各类费用科目本期发生额转入"本期盈余"科目。年末,单位应当将"本期盈余"科目余额转入"本年盈余分配"科目。

"本年盈余分配"科目核算单位本年度盈余分配的情况和结果。年末,单位应当将"本期盈余"科目余额转入本科目。根据有关规定从本年度非财政拨款结余或经营结余中提取专用基金的,按照预算会计下计算的提取金额借记"本年盈余分配"科目,贷记"专用基金"科目。然后,将"本年盈余分配"科目余额转入"累计盈余"科目。

(二) 专用基金

"专用基金"科目核算事业单位按照规定提取或设置的具有专门用途的净资产,主要包括职工福利基金、科技成果转换基金等。事业单位从本年度非财政拨款结余或经营结余中提取专用基金的,在财务会计"专用基金"科目核算的同时,还应在预算会计"专用结余"科目进行核算。

(三) 无偿调拨净资产

按照行政事业单位资产管理相关规定,政府单位之间可以无偿调拨资产。通常情况下,无偿调拨非现金资产不涉及资金业务,因此不需要进行预算会计核算(除非以现金支付相关费用等)。从本质上讲,无偿调拨资产业务属于政府间净资产的变化,调入调出方不确认相应的收入和费用。单位应当设置"无偿调拨净资产"科目,核算无偿调入或调出非现金资产所引起的净资产变动金额。年末,单位应将"无偿调拨净资产"科目余额转入"累计盈余"科目。

(四) 权益法调整

"权益法调整"科目核算事业单位持有的长期股权投资采用权益法核算时,按照被投资单位除净损益和利润分配以外的所有者权益变动份额调整长期股权投资账面余额而计入净资产的金额。年末,按照被投资单位除净损益和利润分配以外的所有者权益变动应享有(或应分担)的份额,借记或贷记"长期股权投资——其他权益变动"科目,贷记或借记"权益法调整"科目。处置长期股权投资时,按照原计入净资产的相应部分金额,借记或贷记"权益法调整"科目,贷记或借记"投资收益"科目。

(五) 以前年度盈余调整

"以前年度盈余调整"科目核算单位本年度发生的调整以前年度盈余的事项,包括本年度发生的重要前期差错更正涉及调整以前年度盈余的事项。单位对相关事项调整后应当及时将"以前年度盈余调整"科目余额转入"累计盈余"科目,借记或贷记"累计盈余"科目,贷记或借记"以前年度盈余调整"科目。

(六) 累计盈余

"累计盈余"科目核算单位历年实现的盈余扣除盈余分配后滚存的金额,以及因无偿调入调出资产产生的净资产变动额。年末,将"本年盈余分配"科目的余额转入"累计盈余"科目,借记或贷记"本年盈余分配"科目,贷记或借记"累计盈余"科目;将"无偿调拨净资产"科目的余额转入"累计盈余"科目,借记或贷记"无偿调拨净资产"科目,贷记或借记"累计盈余"科目。

按照规定上缴、缴回、单位间调剂结转结余资金产生的净资产变动额,以及对以前年度盈余的调整金额,也通过"累计盈余"科目核算。

【做中学　学中做】根据以下资料完成相关的账务处理。

2×21年3月15日,某事业单位经批准对外无偿调出一套设备,该设备账面余额为20万元,已计提折旧8万元。

设备调拨过程中该单位以现金支付了运输费0.1万元,不考虑相关税费。

【做中学　学中做】

(1) 编制财务会计分录

(2) 编制预算会计分录

【知识链接】请扫码查看完成任务清单9-5的知识锦囊。

任务清单9-5的知识锦囊

【能量小贴士】子曰:"学而不思则罔,思而不学则殆。"——《论语》

任务六 核算资产和负债业务

任务清单 9-6 资产和负债业务的核算

项目名称	任务清单内容
任务情境	某事业单位（为增值税一般纳税人）2×21年2月发生以下经济业务： （1）8日，经批准购入一栋办公大楼，取得的增值税专用发票上注明的价款为900万元，全部款项以银行存款支付。 （2）10日，为开展专业业务活动及其辅助活动人员发放工资80万元，津贴40万元，奖金12万元，按规定应代扣代缴个人所得税4.3万元，该单位以国库授权支付方式支付薪酬并上缴代扣的个人所得税。 （3）30日，计提本月固定资产折旧6万元。
任务目标	通过完成学习任务，学会资产和负债业务的核算。
任务要求	请你根据任务情境资料，通过网络搜索，完成相关经济业务的账务处理，并掌握资产和负债业务的核算方法。
任务实施	（1）8日，购入设备时： 编制财务会计分录 同时，编制预算会计分录 （2）10日相关业务处理： 计算应付职工薪酬时

项目名称	任务清单内容
任务实施	代扣个人所得税时 实际支付职工薪酬时 上缴代扣的个人所得税时 (3) 计提折旧时
任务总结	通过完成上述任务,你学到了哪些知识或技能?
实施人员	
任务点评	

【点睛】资产在取得时按照成本进行初始计量,不同取得方式的成本如表9-17所示。"资产处置费用"科目核算处置资产的账面价值,处置净收益上缴财政。

表9-17 资产取得时的初始计量成本表

方式	初始计量成本
外购	成本通常包括购买价款、相关税费(不包括按规定可抵扣的增值税进项税额)
加工建造	成本包括该项资产至验收入库或交付使用前所发生的全部必要支出
接受捐赠	成本按照有关凭据注明的金额加上相关税费等确定; 没有相关凭据可供取得,但按规定经过资产评估的,其成本按照评估价值加上相关税费等确定; 没有相关凭据可供取得、也未经资产评估的,其成本比照同类或类似资产的市场价格加上相关税费等确定
调入	成本按照调出方账面价值加上相关税费等确定
置换	成本按照换出资产的评估价值,加上支付的补价或减去收到的补价,加上为换入资产发生的其他相关支出确定

【做中学 学中做】请归纳总结资产和负债业务相关的账务处理。

做中学 学中做	

【知识链接】请扫码查看完成任务清单9-6的知识锦囊。

任务清单9-6的知识锦囊

【能量小贴士】子思曰:"学所以益才也,砺所以致刃也。吾尝幽处而深思,不若学之速;吾尝跂而望,不若登高之博见。故顺风而呼,声不加疾而闻者众;登丘而招,臂不加长而见者远。"——《说苑·建本》

知识测试与能力训练

一、单项选择题

1. 某事业单位动用修购基金购入 1 台设备，用于专业业务活动，价款为 80 000 元，运杂费 1 000 元，安装费 500 元，共支付 81 500 元。不考虑其他因素，该项设备的入账价值为（　　）元。

    A. 80 000　　　　B. 81 000　　　　C. 81 500　　　　D. 82 000

2. 事业单位替本单位职工代扣个人所得税应贷记的科目是（　　）。

    A. 应交税费——应交个人所得税

    B. 应交税费——应交税金（个人所得税）

    C. 其他应交税费——应交个人所得税

    D. 其他应交税费——应交税金（个人所得税）

3. 某事业单位收到同级财政部门批复的分月用款计划及代理银行盖章的"财政授权支付到账通知书"，按照通知书中所列的金额编制会计分录。则下列账务处理中，该事业单位财务会计的账务处理正确的是（　　）。

    A. 借记"财政拨款收入"科目

    B. 贷记"财政拨款预算收入"科目

    C. 借记"资金结存——零余额账户用款额度"科目

    D. 借记"零余额账户用款额度"科目

4. 财政拨款结转中与核算会计差错有关的明细科目是（　　）。

    A. 本年收支结转　　B. 累计结转　　C. 年初余额调整　　D. 归集调出

5. 下列各项中，属于政府财务会计要素的是（　　）。

    A. 经营结余　　B. 预算收入　　C. 净资产　　D. 所有者权益

6. 下列各项中，属于事业单位财务会计中反映运行情况的等式是（　　）。

    A. 资产 – 负债 = 所有者权益　　　　B. 资产 – 负债 = 净资产

    C. 收入 – 费用 = 累计盈余　　　　　D. 收入 – 费用 = 本期盈余

7. 某行政事业单位捐赠一项固定资产，并为此发生运输费等支出，则在预算会计中，应借记的会计科目是（　　）。

    A. 固定资产　　　　　　　　　　　B. 其他支出

    C. 其他费用　　　　　　　　　　　D. 资金结存——货币资金

二、多项选择题

1. 下列关于政府会计核算模式的说法中，正确的有（　　）。

    A. 财务会计主要反映和监督预算收支执行情况

    B. 预算会计实行收付实现制，国务院另有规定的，从其规定

    C. 财务会计实行权责发生制

    D. 政府会计主体应当编制决算报告和财务报告，其中决算报告的编制主要以收付实现制为基础

2. 下列各项中属于政府财务会计要素的有（　　）。
   A. 净资产　　　　B. 所有者权益　　C. 收入　　　　D. 预算结余
3. 年末，事业单位应结转入"非财政拨款结余分配"科目的有（　　）。
   A. 专用结余　　　B. 非财政拨款结余　C. 经营结余　　D. 其他结余
4. 下列各项中，属于专用基金的有（　　）。
   A. 职工福利基金　　　　　　　B. 科技成果转换基金
   C. 盈余公积　　　　　　　　　D. 保障性住房基金
5. 事业单位会计核算中，既需要采用财务会计核算又需要同时进行预算会计核算的业务有（　　）。
   A. 事业单位以财政直接支付方式支付印刷费
   B. 事业单位以财政直接支付方式支付水费
   C. 事业单位以银行存款购入一台专用设备
   D. 事业单位以库存现金支付上月电费
6. 实行国库集中支付的事业单位，财政资金的支付方式包括（　　）。
   A. 财政直接支付　　　　　　　B. 财政拨款支付
   C. 财政授权支付　　　　　　　D. 财政转移支付

三、判断题

1. 政府会计制度依据基本准则制定，主要规定政府会计科目及账务处理、报表体系及编制说明等，与政府会计具体准则及应用指南相互协调、相互补充。（　　）
2. 军队属于政府会计主体，其会计核算时适用政府会计准则制度。（　　）
3. 事业（预算）收入是指事业单位开展专业业务活动及其辅助活动实现的收入，包括从同级政府财政部门取得的各类财政拨款。（　　）
4. "本期盈余"科目核算事业单位本期各项收入、费用相抵后的余额。（　　）
5. 年末，事业单位应将"专用结余"和"其他结余"科目余额转入"非财政拨款结余分配"科目。（　　）

四、业务操作题

1. 2×20年12月31日，某行政单位财政直接支付指标数与当年财政直接支付实际支出数之间的差额为10万元。2×21年年初，财政部门恢复该单位的财政直接支付额度。2×21年1月20日，该单位以财政直接支付方式购买一批办公用品（属于上年预算指标数），支付给供应商5万元价款。

   该行政单位应作哪些账务处理？

2. 2×21年5月，财政部门拨付某事业单位基本支出补助400万元、项目补助100万元，"事业支出"科目下"财政拨款支出（基本支出）""财政拨款支出（项目支出）"明细科目的当期发生额分别为400万元和80万元。月末，该事业单位将本月财政拨款收入和支出结转。该事业单位应编制哪些相关的会计分录？

3. 2×21年7月1日，某事业单位采用国库授权支付方式购置一项价值为240 000元的固定资产，固定资产已经验收并调试完毕，达到预定可以使用状态，相关结算票据也已经收到。该固定资产的折旧年限为10年。

   假定不考虑其他因素，请完成以下有关账务处理。

(1) 7月1日，单位收到代理银行转来的"授权支付到账通知书"时，应编制的会计分录。

(2) 7月1日，单位购买固定资产时，应编制的会计分录。

(3) 7月末，单位计提固定资产折旧时，应编制的会计分录。

知识测试与技能训练解析

参 考 文 献

[1] 张流柱. 行业会计比较 [M]. 第 3 版. 北京：高等教育出版社，2018.

[2] 廖海燕. 行业会计比较 [M]. 北京：北京邮电大学出版社，2018.

[3] 韩兴国，姬晓慧. 行业会计比较 [M]. 北京：清华大学出版社，2017.

[4] 财政部会计资格评价中心. 初级会计实务 [M]. 北京：经济科学出版社，2019.

[5] 赵丽生. 中国会计文化 [M]. 北京：高等教育出版社，2018.

[6] 洴建红. 行业会计比较（附微课）[M]. 北京：人民邮电出版社，2019.

[7] 辛艳红，李爱华. 施工企业会计 [M]. 第 3 版. 北京：北京大学出版社，2019.

[8] 马昊光，行业会计比较 [M]. 第 2 版. 北京：电子工业出版社，2016.

[9] 卓茂荣，张惠琴. 新编商品流通企业会计 [M]. 第 3 版. 北京：电子工业出版社，2018.

[10] 闫云婷. 农业企业会计核算 [M]. 北京：化学工业出版社，2019.

[11] 张凌云. 交通运输会计全流程真账实操 [M]. 北京：北京理工大学出版社，2016.

[12] 刘洪学，刘峰. 新农村会计操作实务 [M]. 北京：化学工业出版社，2020.